JN320251

発達障がい
こんなとき、こんな対応を

成沢真介

高文研

はじめに

私は、特別支援学校に勤務している教員です。毎日、朝、教室に行くと窓を開け、新しい空気を入れながら今日のスケジュールや課題を確認します。そして、○○くんはどんな顔で登校して来るだろう、△△さんは昨日良く寝られたかなあ、などと思いを巡らします。

私が学校で接している児童生徒は、ほんの一部分を私の前で見せているにすぎませんから、一日をどんな思いで過ごし、どんな暮らしをしているのか、私には分かりません。子どものことは分かっていないんだ、という思いで本人と接すると、子どもたちからたくさんのことを学ぶことができるように思います。

幸いというべきか、私はいわゆる「困った」行動のある児童生徒の担任をする機会に恵まれました。その中で、「困っている子どもたちと一緒に困ることができる幸せ」みたいなものを感じながら何とか教員を続けることができたように思います。

現在は、発達障がいに関する書籍や研修などがたくさんあり、特性の理解がすすむ一方で、もっと深いところにある「何か」が置き去りにされようとしているのではないか、という危惧が私にはあります。

発達障がいの児童生徒の中には、コミュニケーションが苦手な子がたくさんいます。私もコミュニケーションは苦手な方ですが、これらの子どもたちと接する中で、言葉や目に見える方法では表すことができない、とても大切な「何か」を受けとっています。

今、目に見える、評価できる、成果が見える、といった大きな流れが渦巻いています。それは良いことだと思います。ただ、それらのことを「全て」とするのではなく、「必要な一部」としていくことが大事だと思います。目に見えないけれど感じる、評価できないけれどとても大切な、今は成果が見えないけれど生きる力につながっていくような「何か」を大切にしていくことを忘れてはいけないと思うのです。全てを評価の対象とするのではなく、評価できるものとできないものを知る、ということだと思います。

同じことが特別支援教育についても言えます。私は、特別支援教育という大きな流れは大変良いことだと思っています。しかしその一方、「専門性」という言葉に隠れて、検査や技法、成果ばかり追い求めすぎてはいけないと思うのです。結果から逆算するような教育、見えるものや成果ばかりに心を奪われる教育、分かってしまってはいけないものを分かってしまおうとする教育、評価できないものまでを評価しようとする教育になっていくような危うさが、この流れの中に見え隠れするように思うのです。

とはいえ、日々、子どもたちに向き合っておられる先生方は、「こんなとき、どうしたらいいの?」というリアルな現実に直面されておられます。一人ひとりがみんな違う児童生徒への接し方は本当に難しいものです。

この本は、私の拙い体験から「こんな見方や関わり方もありますよ」ということを限られた紙数の中でコンパクトにお伝えする内容になっています。こうあらねばならない、というものではもちろんありません。マンガとともに、本書が現場で悩んでおられる先生方の何かの助けになっていただけたら幸いです。

✻ もくじ

◑ 失敗例から学ぶ

表紙絵――渡辺リリコ
マンガ――成沢 真介
装丁・商業デザインセンター――増田 絵里

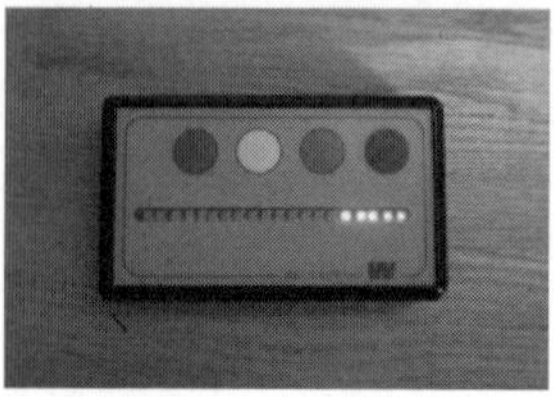

光が徐々に消えて、あとどれだけか分かるタイマー。光が全て消えるとピピピピという音がする。

学校ってどんなところ？

1 はじめての場所は不安がいっぱい

はじめて教室に入った途端にそうじ道具入れの扉を開けて入ってしまった子がいました。そうかと思うと、そうじ道具入れの上に上がってしまった子や、運動場のすべり台の上に登る子もいました。机の下に隠れた子もいました。トイレに入ってしまう子もいました。体育館で体育倉庫の中に入ってしまう子もいました。保健室に行きたがる子もいました。

その子たちに共通しているのは「ここにいると安心できる」ということだと思います。泳げない人が海に投げ出された時、浮き輪や陸地があったら助かるのと同じです。

私は、そんなことには気づかずに「出てきなさい」とか、「降りてきなさい」などと言って、その場、その場で何とかみんなと同じようにさせようとしていたことがありました。

しかし、無理にこちらのさせたいことをさせようとしても、なかなか上手くいきませんでした。そこで、発想を変えて、その場所に行くのは良しとしよう、ただし「行きたい」という意思を伝えてもらおう、と思いました。しかしそれも、「先生、疲れたので保健室に行かせてください」「ストレスがたまったので、そうじ道具入れに入ります」などと伝えられればよいのですが、そうもいきません。

そこで、カードを使って、行っても良い場所と時間の約束をしました。先生に行きたい場所のカードを渡したら行くことができる、という時間をつくったのです。

行ってもよい時間がある、という見通しが立てば、それだけで安心できる子もいます。行ってはいけない時間には、カードは渡しません。そして、どれだけその場所にいられるのかは、タイマー（写真右頁）などで示しました。

また物品購入や入学式等で、体育館のざわざわした所にいなくてはならない時があります。そんな時は、お母さんと一緒なら出席できそうだとか、体育館の片隅の机のある場所や体育倉庫の中ならいられそうだとか、前日に体育館に来てもらって昨年度の入学式のビデオを見る等、本人の不安が少しでも軽減されるのはどんな方法か考えることが大切だと思います。

気分転換になりそうな感覚遊び用のゴムボールやスライムなどを用意したこともあります。

また、チョコレートやアメと「おやつ」のカード、お母さんの写真や家の車の写真を持って来

はじめての場所

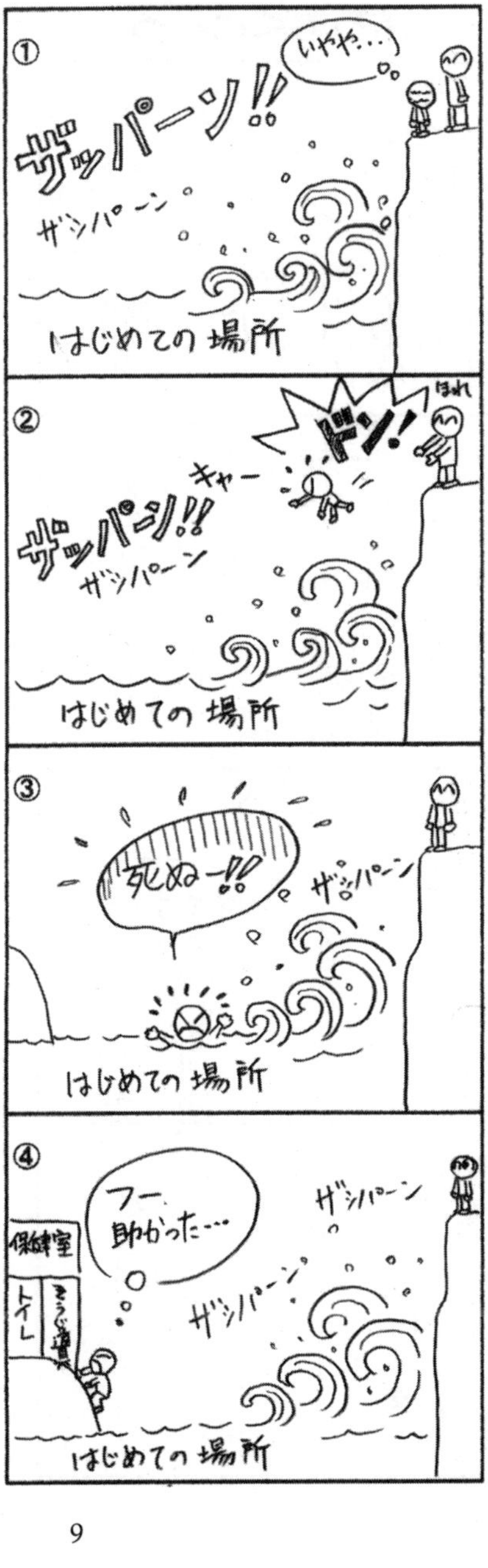
①
いやや…
ザッパーーン!!
ザシパーン
はじめての場所
②
ほれ
ドン!!
キャー
ザッパーン!!
ザシパーン
はじめての場所
③
死ぬー!!
ザシパーン
はじめての場所
④
フー、助かった…
ザシパーン
保健室
トイレ
ザシパーン
はじめての場所

落ち着くところ

てもらうこともありました。

さらにお母さんと離れて待たなくてはいけない時、「帰りたい」とか、「いつまで待つのか分からない」、あるいは「お腹すいた」「トイレに行きたい」等々を伝えられないことによって待つ場所から出て行こうとした時に、これらの物や写真を提示することで、何とかがまんできたり、逆にそういう機会があったことで、その子の好きな物やコミュニケーションの力を知るきっかけにもなりました。

ただし、チョコレートやアメは「もうこれだけしかない」ということが本人に見て分かるように、小袋に入ったものや、フィルムケース等に入れて小分けにしておくことをおすすめします。

学校って
どんな
ところ？

2 スケジュールを作る

自閉症のAくんが入学してきました。お母さんはAくんについて、「言葉でほぼ分かります」と言われます。

ある先生がAくんに指示しているところを見ました。

「Aくん、行くよ」「Aくん、並んで」などと言われると、Aくんはその通りにします。お母さんの言う通り、Aくんは言われることが分かっているように見えます。

今度は私がAくんに言いました。

「Aくん、並んで」

ところがAくんは私の方を見たまま、ジッとして動こうとしません。先ほどの先生やお母さんは、言葉と一緒にジェスチャーで示していたのに対して、私は言葉だけで指示したのです。お母さんが「分かっている」と言われたのは、言葉だけで分かる、ということではなくて、ジェスチャーを交えた言葉で分かる、という意味だったのです。

私は、お母さんにそのことをお伝えし、絵と文字（ひらがな）のカードで一日のスケジュールを作らせて欲しいとお伝えしました。言われてするのではなく、することが分かって自分からすることがスケジュールを作る意味です。先生に言われて算数の準備をするのではなく、時間割を見て自分から算数の準備をする方が良いのと同じです。

Aくんは指示されたことはしますが、指示しなければなかなか自分からしようとしませんでした。これまで指示されたことをしていたからでしょう。

Aくんにスケジュールを導入する時に気をつけたのは次の二つです。

①Aくんが分かるもので示す

②指示は「スケジュールを見る」という指示にする

①について、Aくんはひらがなの文字は分かるようでした。しかし、念のため絵入りの文字カード（写真右）にしました。もっと認知が低ければ、具体物でスケジュールを作らなければいけない場合もあります。

②については、次の活動を「きゅうしょく」「きがえ」などと指示されてするのではなく、自分でスケジュールを見て活動してもらいたいので、活動の内容を直接伝えるのではなく、スケジュー

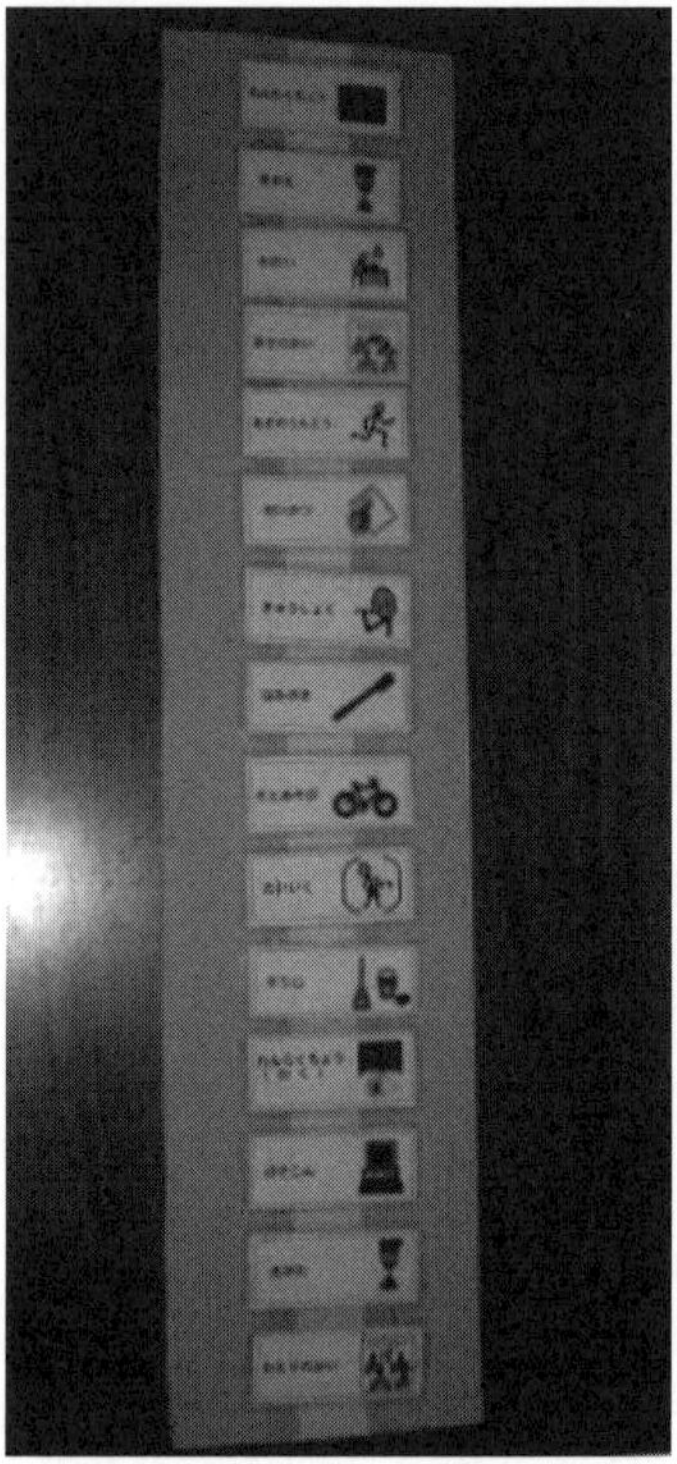

一日のスケジュール

上から順に、れんらくちょう、きがえ、かだい、あさのかい、あさのうんどう、せいかつ、きゅうしょく、はみがき、そとあそび、たいいく、そうじ、れんらくちょう（かく）、ぱそこん、きがえ、かえりのかい

ルを見ることで、次の活動を自分で知るようにしたかったのです。

Aくんには「スケジュール」と言ってスケジュールの所を指さし、Aくんの背中を軽く押しました。その後、背中を少し押すのを止め、指さしも止め、「スケジュール」という言葉だけでAくんはスケジュールを見るようになりました。

その結果、Aくんは登校したら、まずスケジュールを見るようになりました。自分で連絡帳を出して、着替えをしに行きます。でも、細かいところでは指示を待つことがあります。そんな時にはAくんに分かるように教えます。

一日の流れが分かり、自分でできることが増えたAくんは、その後、言葉の数も増えて、言葉で伝える範囲も広がりました。

Aくんに限らず、本人にとって何が分かって何が分からないか、ということを知っておくこと

認知

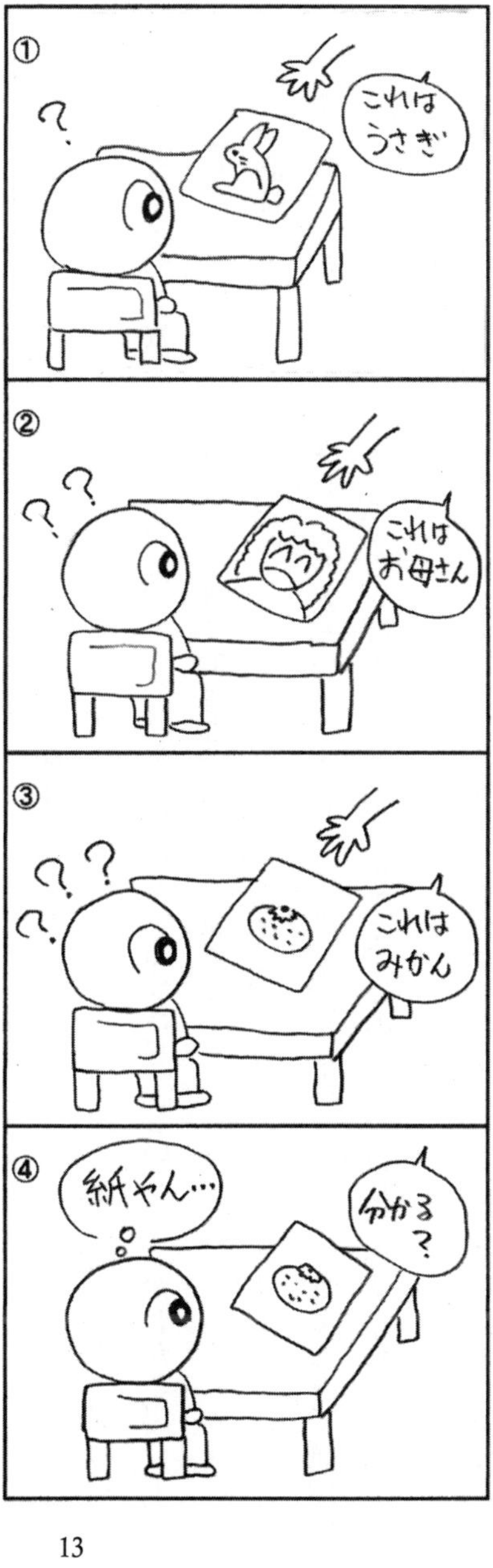
①
これはうさぎ
②
これはお母さん
③
これはみかん
④
紙やん…

分かる？

は大切です。実物、カード、ことば、という順番で分かりにくくなります。うさぎの本物が目の前にいれば「うさぎ」という言葉を実物に貼りつけることができますが、紙に描いたうさぎの絵を「うさぎ」と教えて分かるのは、「これは紙に描いているうさぎ」ということがわかる場合で、分からなければ、その絵は「うさぎ」ではなく、ただの紙です。

会話になると「うさぎ」「みかん」「ケーキ」等々、実物に貼りつけられた言葉はイメージしやすいのですが、「やさしさ」「あたたかい」「すこし」等々、実物はなくて言葉があることで概念がつくられているものが数多くあります。会話はほとんどがこのような言葉でつくられていますから、分かりにくいのです。

話している内容が絵にできるかどうかで、話の分かりやすさをはかることができるかも知れません。抽象的な概念についてどう教えるかは、改めて述べます。

学校って
どんな
ところ？

3 フラッシュバック

新学期が始まって、体育館での授業がありました。体育館に入るのは入学式以来です。体育館に入るなりCさんは寝ころんで泣き出してしまいました。

「えっ？　何？　どうしたの？」

突然のことに驚いて、私はCさんをただ見ていることしかできませんでした。思い当たることはフラッシュバックしかありません。

入学式の途中でCさんは泣き出して、椅子からずり落ちてしまいました。体育館の床に寝ころんで泣くCさん。私は仕方なく彼女を抱きかかえて体育館から出ました。何をするのか、どれだけするのか、どうやったら終わりになるのか、終わったら次に何があるのか、分かるようにCさんに伝えていなかったため、Cさんは混乱してしまったのだろうと思います。

初めての体育館で嫌な思い出をつくらされてしまったCさん。次に授業で体育館に入った時、入学式のことが思い出されたのです。

体育館には嫌な思い出がついてしまっている。だけど授業は体育館でするのです。体育館を楽しい場所にするしかないと、私は思いました。それでだめだったら体育館にはしばらく入らないことにすればよい、そう思ったのです。

フラッシュバック

次の体育の授業が始まる前に教室からＣＤラジカセとスライムを持って体育館に移動しました。体育館の前まで来ると、私はすかさずスイッチを押して音楽を流しました。

Ｃさんの表情がやわらいでいるように感じられました。

体育館の中に入ります。Ｃさんは泣きません。でも少し不安なのかも知れません。私は持ってきたスライムをＣさんに手渡しました。Ｃさんはスライムを触り、集中しています。音楽も鳴っています。そのまま手をつないで集合場所まで行きました。音楽のボリュームを少しずつ小さくしていきます。そして、授業が始まるころには音楽は消えていました。スライムは持ったままです。グニャグニャしながら楽しんでいます。二〇分ほど触っていたでしょうか。

「５・４・３・２・１」

私はＣさんの前で指を折りながら数えました。

「０」

と言うのと同時に手を出すと、スライムを私の手の上に乗せました。

「平均台、しようね」

私はそう言って、Ｃさんと一緒にみんなのしている活動に加わりました。

それから後は、みんなと同じ活動を行うことができました。最初がうまくいったので、後の活動はＣさんの様子を見ながら行って大丈夫でした。フラッシュバックが起きる場所をクリアしたのです。

念のため、次の体育の時にも同じようにやりました。やがてＣさんはＣＤカセットもスライムもなしで体育の授業に参加できるようになりました。嫌な思い出は楽しい思い出に変わっていったのかも知れません。

学校って
どんな
ところ？

4 視覚・見て欲しいところを見ない

見て欲しいところを見ない、という子がいます。他の刺激に反応してしまい、違うところを見てしまうのです。

黒板の隅の小さなキズが気になったり、話していても、窓の向こうから見える電車が気になったりすることがあります。ここは見て欲しいという黒板の周辺にはなるべくいろいろな刺激になるようにものは貼らない方が良いかも知れません。

また、ロッカーなどにカーテンをつけてごちゃごちゃした物が見えないようにすることもできます。

スケジュールの導入で、とにかく見てほしいという場合に、私は教室を入った所にスケジュールボード（写真上）を設置したことがあります。周囲には何も置きませんし、教室に入ったらまず目につきます。これでスムーズにスケジュールの導入ができたことがありました。

視覚には、中心視と周辺視があります。私たちは主に中心視で見ていますが、ボールが飛んできて視野に入るとそちらを向きます。周辺視でまずとらえたボールを中心視で見るためにそちらを向くのです。

他の視覚的な刺激が入りにくい場所に設置したスケジュール。この時は、教室を入ったすぐの場所に設置した。

自閉症の子で視線の向け方がまっすぐでない子がいました。また、目の斜め上で手をひらひらさせている子もいました。いずれも周辺視で見ようとしていたのだと思います。

キズが気になる

①
で、あるから…
どこ見たらええねん？
②
ここを…
さしてくれたら分かる…
③
これが大切
色かえて囲んでくれたら、よー分かる
④
……
でも、このキズが…ずっと気になってんねん

行動の意味をとらえる

5 立ち歩きには理由《わけ》がある

困った行動をする子どもがいます。泣き叫ぶ、噛みつく、逃げる、走り回る、離席する……それらの行動には必ず意味があります。その理由の全てではありませんが、一部を明らかにする方法があります。MAS（動機づけ尺度）という方法です。

例えば、「つばを吐きかける」等の具体的な行動を一つ取り上げて項目ごとの質問に「まったくない」から「必ずする」までの六つの答えのうちのどれかを選び点数をつけていきます。解答用紙にその答えの番号を記入していくことで、その行動の背景にある意味が「感覚」「逃避」「注目」「要求」のうちのどれか推し量ることができるというものです。

特に「逃避」や「要求」等は表出のコミュニケーションの問題なので、適切な伝え方を学べば、その行動をしなくてもよくなります。

始業式や終業式等、みんなが集まる時に座ろうとしない子がいました。その他の場面では特に困ったことをするわけではありません。その子にMASをしてみると「注目」が高く出ました。

その子は、式典が始まっても座らないことで、先生たちから「座って」などと声をかけられ、注意を受けて注目されたかったのです。先生たちみんなで相談して、「座らなくても声をかけないで無視し続ける」ということを申し合わせ事項としました。その結果、この子は座るようになったのです。

また、授業中に立ち歩く子がいました。前後の状況で考えられることは、

①授業がおもしろくない

②立ち歩いても嫌なことはない

さらに立ち歩いた後も、

①授業が中断しておもしろくない状況から逃れた

②先生や友達から注目された

と仮定すると、立ち歩くことがこの子にとって良いことばかり、ということになります。そこで、前後の状況をかえて、

①授業を興味のもてるものにする

注目されたい

②立ち歩いていない時（座っている時）に注目する

すべてではありませんが、これで、この子は立ち歩く必要度が少なくなり、座って授業を受ける時間がぐんと増えました。

行動の意味をとらえる

❻ スケジュールがわかってない

パニックを起こす児童がいました。どういう場面でパニックを起こすのか記録をとってもよく分かりません。感覚的なものが大きく関係しているように思われました。突然、大きな声で泣き叫び自傷行為をくり返します。原因は「もしかしたらさっきの言葉かけか?」とか、「着がえの時、首が引っかかったからか?」などという推測の範囲を出ません。

スケジュールは作ってあります。次にする活動のカードを取って、活動して終わったらおしまいボックスにそのカードを入れます。目の前にカードがあると、指でそのカードを指します。

「スケジュールは分かっています」

担任の先生は言われます。私が見た時にも分かっているように見えました。しかし、原因不明のパニックは起こっていました。

次の年、私はGさんの担任になりました。パニックが頻発しているGさんには、何でも試してみる価値があると思い、思い切ってスケジュールを外してみました。自閉症の子にとって命綱のようなスケジュールを外すというのは大変なことです。

ところがGさんのパニックは激減しました。感覚的に暑い寒い、気持ち悪い等々の表現らしいパニックはありましたが、椅子に座っているGさんの肩の上から両手で下に圧をかけることで収

わかってなかった

①
これがくつばこ
ココ
フムフム
②
これがきょうしつたいいくかん
フムフム
③
これがスケジュール
フムフム
④
ぜんぜんちがう…!
ザワザワ
ペチャクチャ
ペチャクチャ
ザワザワ

まります。パニックになっても回復までの時間も短くなりました。

スケジュールが分かっていなかったのです。指で差すことも「そうするもの」として認知されているにすぎず、カードの内容が分かっているわけではなかったのです。大切だと思って提示していたスケジュールがGさんにとっては訳の分からないものを提示されて困っている状態に近かったのだろうと思います。

分からないものを提示され強制されるよりは何も提示されない方がまし、ということだったのだろうと思います。そして、分からないことよりも、もっと辛い感覚に関する「何か」に苦しめられているのだろうと思います。

言葉の分からない外国で話しかけられたら困りますが、歯が痛くなったり、お腹が痛くなったりしたらもっと困ります。そんな状態でなにかをするように指示されたらどうでしょう？　Gさ

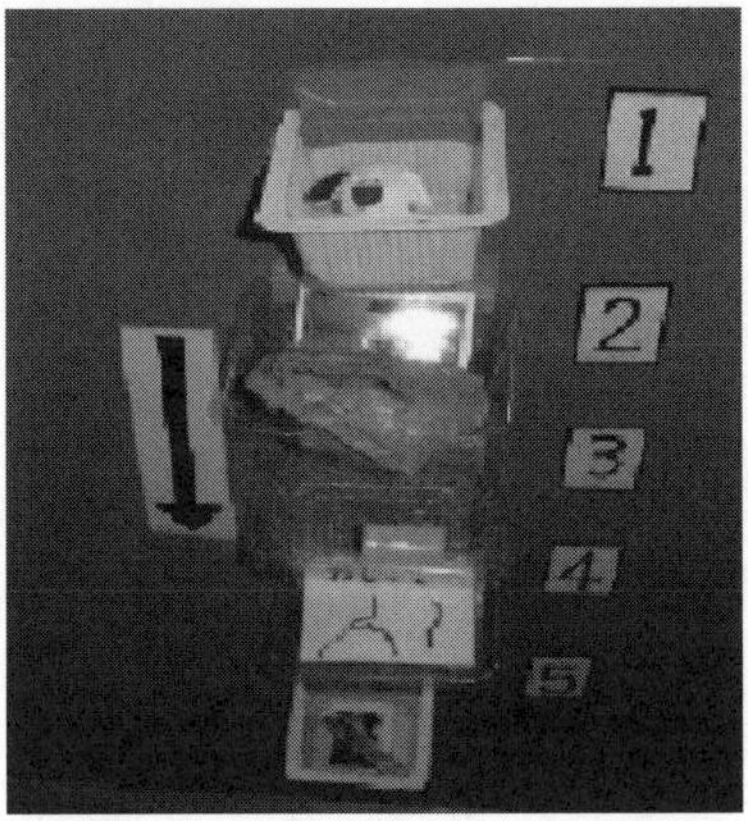

具体物でつくったスケジュール表。１番上の箱に入っている音の出るぬいぐるみは、朝の会の歌に使用するシンボル。２番目の袋には運動場で走った後の待ち時間に遊ぶスライムが入っている。中にあるのは運動場の写真。両方入れて分かるようにしてある。

んはそんな状態だったのかも知れません。

一方、Ｉくんは、カードを見て活動できているかのような子でした。スケジュールのカードを取って活動場所に行きます。パニックになることもなく、先生と一緒に活動もできていました。しかし、よく見ると活動が遅れています。それと、いつもと違う活動になると、先生と一緒でなければ活動場所に行くこともできませんでした。

「Ｉくん、スケジュール分かっていますかね?」

「分かってますよ、落ちついているでしょ?」

「そうですねえ……」

本当に落ちついてはいます。しかし、何となく本当に分かっているのかなあ、と思えることがありました。

「具体物のスケジュールに変えてみたらいいかもしれませんね」

私は提案してみました。その先生は半信半疑で実物のスケジュール（写真上）に変えました。

「Ｉくん、やっぱり分かってなかったみたいです」

「そうですか」

「動きが違うんです」

担任の先生はＩくんが自分から動いていたわけではないということがわかったと言われました。

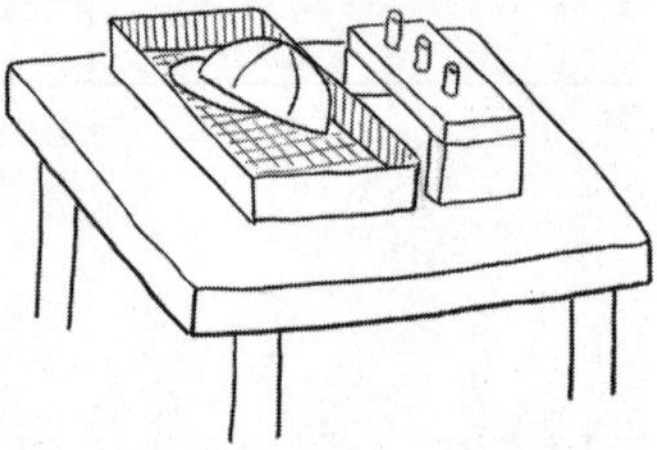

赤白帽は「運動場で走る」という活動を表す。横にあるペグさしは、ペグを渡すことで「スケジュールを見る」という指示の役目を果たす。ペグさしを行うと、横に次の活動のシンボルがあり、何をするか理解できるようになっている。

本人の認知の発達レベルがどれくらいなのか知ることが大切です。個々に違うので、みんな絵カードで分かるとは限りません。確信がもてない時はレベルを下げて提示する方が良いと思います。実物一個から実物複数、ミニチュア、絵、写真、文字……その子は何で分かるのか、見通しをもてるのかは本人にしか分かりません。

上の絵は具体物一個からスケジュールを始めた子の例です。箱の中の赤白帽を見て、「次にすることは運動場で走る」ということが分かるようにした例です。この具体物はこの子にとって二個目です。最初はエプロンでした。エプロンを見て「給食」ということが分かるようになりました。

箱の横にあるペグ[注]さしは、この子に「スケジュールを見てね」という指示のために置きました。この子は言葉は分かりませんし、カードも難しい子です。「スケジュールを見る」という指示も具体物で行う必要がありました。

課題学習の時間にペグさしをしていたので、長細い棒のようなペグを渡されるとペグさしをするということが分かっていましたから、ペグをさす穴を具体物を置く箱の横に置き、ペグを渡すと箱の横にある穴のところに行ってペグをさすのです。

ペグさしが終わってその横を見ると、箱の中にはエプロンがあるというわけです。エプロンを指さすと、それを着て給食、ということになります。何度かくり返しているうちに、指さしがなくてもエプロンを着るようになりました。次の活動が何かということを伝えるための最初の具体物であるエプロンの次が赤白帽なのです。

このように一つずつ分かる物ができてくれば、それを並べることで実物のスケジュールができるという訳です。何が分かって何が分からないのか、ということを知るのは大切なことです。本人ではない我々にできることは「分かっていないかもしれない」という想像をすることだろうと思います。

〔注〕ペグさし＝ペグ棒をボードに差しこみ遊ぶおもちゃ。ペグを持って、穴から抜いたりさしたりする。認知発達をうながす遊び道具。

わからへんで〜！

①
？？？？？
そこらへん そうじして
そこらへんって どこや？
②
イライラ
ちょっと まっとって
ちょっとって どのくらいや
わからへん
③
つくえの 上をふく
見たら 分かるわん
3時まで
今 → 2:51
④
ちゃんとして
ぎょーぎわるい
どーして
何する
またね
どう
おはよう
みんなのこと
世の中 分からんこと 多すぎや
オーノー

7 援助・五つの段階

知的な遅れのある自閉症のYSくん。給食が終わって片付けの時のことです。大きな青いポリバケツに残飯を入れるようになっています。私はYSくんと一緒にポリバケツの所に行きました。残飯の入った食器を指さして私は言います。

「すてる」

言葉だけでは分からないと思ったので、その食器をポリバケツの中に入れるように指で示しました。YSくんは片手に食器を持ってポリバケツの所に持って行きます。でも食器を傾けて残飯を落とそうとしません。もう一度私は言います。

「すてる」

YSくんは私の手の動きを見ながら食器を傾けました。でも残飯はベターとした物でなかなかポリバケツの中に落ちてくれません。ポリバケツのふちでトントンとやればすぐに落ちるのですが、YSくんは落ちない残飯を見ながらジッとしています。

私はジェスチャー付きで言います。

「トントン」

でもYSくんには分からないようです。しばらく見ていましたが、同じなので私は言いました。

「すてる」

ＹＳくんは私の顔を見ながらなかなか落ちない残飯を食器ごとポリバケツの中に落としました。私は食器を拾い上げて、ＹＳくんと一緒に手を添えてトントンし、残飯を落としました。

分かってできることが大切ですが、何が分かっているのか、何ができることなのか、近くにいる大人が知ることが関わる時に大切なことだなあと思いました。援助する時のレベルも本人をどれだけ分かっているかでかわってきます。

①身体援助（直接からだに触れる）
②モデル（やってみせる）
③指さし
④視覚的ヒント（絵や写真、カードなど）
⑤言葉かけ

言葉かけは難しく分かりにくい援助です。援助はできるだけ少ない方がよいので徐々に少なくしていきます。その場合、手をつないでいたのを背中をそっと押すだけにする等、身体援助は比較的簡単に少なくしていくことが可能です。

行動の意味をとらえる

8 着がえ

登校して、制服から体操服に着替える時のことです。Hくんはいつも体操服を反対に着てしまいます。

「はんたい」

私がそう言うと、Hくんは服をまわして前と後ろを逆にします。そんなことをくり返しているうちに、Hくんは着替える時にこう言うようになりました。

着がえ

①
はんたい!
きがえの時間
②
はんたい!
次の日
③
はんたい!
その次の日
④
はんたい!
反対のまま

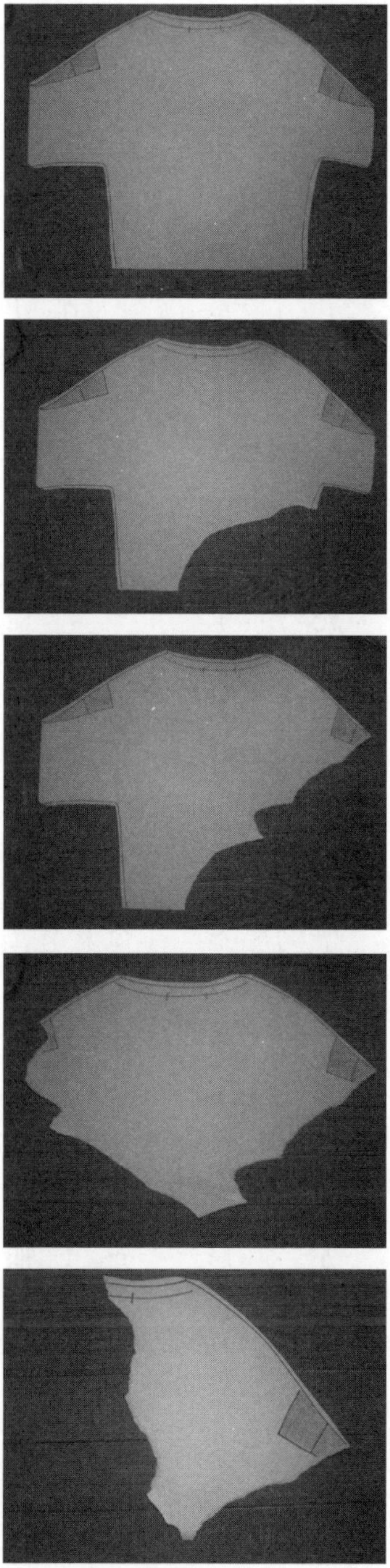

前後を間違わないようにするため、体操服をこの紙の上においてから着る。絵は少しずつちぎって小さくしていき、次第に体操服の形が分からなくなるようにした。

「はんたい」

着ている服は反対のままです。「はんたい」と言いながら反対に着ているのです。私が「はんたい」という言葉をいつも言っているので着替える時には「はんたい」と言うんだ、と思ったのでしょう。

言葉かけをするのは、意味（内容）を教える場合と言葉を教える場合に分かれます。Hくんは「はんたい」の意味（内容）が分からず、「はんたい」という言葉をくり返しなさいということを学んだのです。

体操服には前に校章があります。体操服を後ろ向きに置いてから着れば良いと思い、体操服の絵を実物と同じ大きさに描いて置きました。分かりにくいようなので、体操服の形に切り取りました。すると、その上に体操服を置いてから着るようになったのです。しかし、体操服の置き方を間違えることもありました。校章の入っている表側の絵も描いて×印をつけました。

この方法で体操服は間違わずに着ることが出来るようになりましたが、他の服は間違って着ることがありました。「はんたい」と言えば直すのですが、よく分かっていないようでした。

そのうち、Hくんは出来なかった平均台が一人で出来るようになり、言葉もたくさん出るようになっていきました。

その頃から体操服の絵を少しずつちぎって小さくしていき、次第に体操服の形が分からなくなるようにしました。やがて、絵がなくても間違わずに着替えることが出来るようになっていきました。そしてその後、半年ほどたつと、体操服以外の服も間違わずに着ることが出来るようになりました。

学　習

9 ジェスチャー付き指示

「Eくん、遅れてるよ」

運動会の行進練習で手と足が上手く交互に出ず、意識してしまうEくん。みんなと一緒の活動がいつも遅れがちです。先生も友達もEくんが発達障がいだとは思っていません。怠けていると思われがちです。

「Eくん、もしかしたら言われていることが分かっていないんじゃないですかねえ?」

私がそう言うと、体育の先生は言います。

「いや、分かっています」

どうして断言できるの?と言いたいところです。Eくんは分かっているところと分かっていないところがあるため、みんなの動きを見て確認してから自分が動く、ということがあるのかも知れません。もともとの動きのぎこちなさと、分からない部分とによって活動が遅れている可能性があります。

「試しに、言葉での指示にはできるだけジェスチャーをつけてみてはどうでしょう。それと、指示はなるべく一つずつにしましょう」

体育の先生に私は言いました。最初は「何で?」とでも言いたげでしたが、「ぜひ、よろしく」

ジェスチャー付き指示

とお願いしてやってもらいました。

体育の先生がみんなの前で話している様子を見ると、私がお願いした通りにやってくれています。

「これから運動場走るぞ」

そう言いながら両手を前後に振って、その場で駆け足をしています。

「三週します」

右手を挙げて指を三つ立てて言います。Ｅくんはその様子をジッと見ています。

「終わったら、この場所に集合」

そう言いながら地面を指さします。言葉も短くなっていました。

Ｅくんは小さく頷いています。

「どうです？　Ｅくん」

「うん、少し早くなったよ」

「やっぱり」

「いや、あいつは分かっているんだよ」

最後まで体育の先生はそう言い張っていましたが、その後もジェスチャー付きの指示は続けてくれました。

学習

⑩ 読むのが苦手

本を読んだり黒板の文字を読んだりするのが苦手な子がいます。こういう子は書くことも遅くなります。

私たちは本を読む時に頭を揺らしても文字を追うことができますが、本を揺らすと読みにくくなります。見るのは目だけでなく、姿勢が関係しています。しっかりと頭を支えることができないと見ることは難しいし、たくさんある文字のどこを見るのか、必要な文字や単語を刻々と追う

写すってむずかしい

① ノートにうつしましょう／スポーツの白馬／ハーイ／カリカリ／カリカリ／カリカリ／ハーイ／カリカリ

② 「え」やな…／どっから書いたゞエェんや…

③ うわっ！はみでた！！

④ はい、もう書けましたね消します／ハーイ／ハーイ／ハーイ／ハーイ／ハーイ／ハーイ

力が必要です。

　毎日、ジャングルジムや平均台、スクーターボードなどで、頭や身体を支えたり、バランスをとったりする運動をした子がいました。それだけではありませんが、筋力がついて良い姿勢を保つことができるようになると、見ることに集中できるようになりました。

　また、本の中にはたくさんの文字があります。どこを見て読むのかということが分かりにくい子のために、見る箇所や行以外を隠すシート（写真左）を作ってページの上に置いて読むことにより、どこを見て読むのか分かりやすくなった子がいます。

　文字を大きくしたり、単語と単語の間を一文字分あけたりするだけで読みやすくなった子もいました。

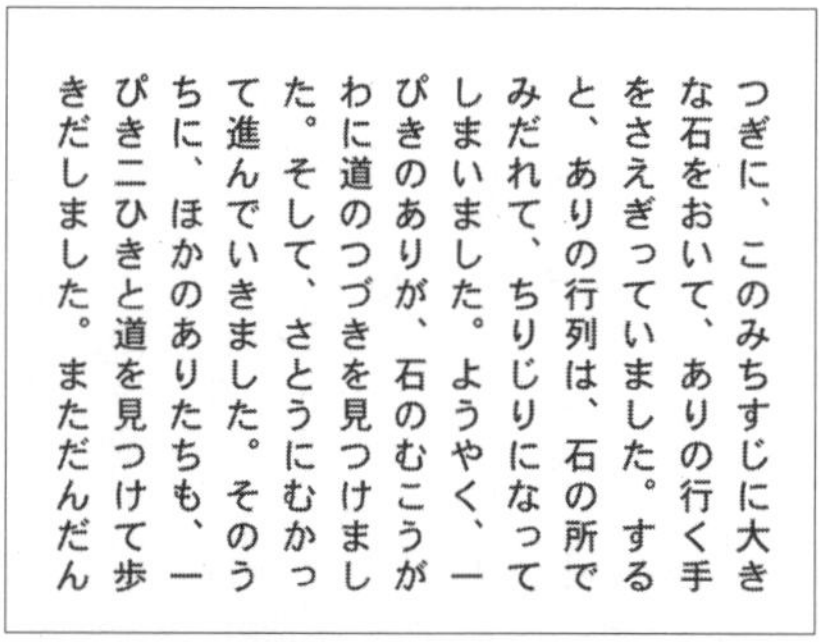
つぎに、このみちすじに大きな石をおいて、ありの行く手をさえぎっていました。すると、ありの行列は、石の所でみだれて、ちりじりになってしまいました。ようやく、一ぴきのありが、石のむこうがわに道のつづきを見つけました。そして、さとうにむかって進んでいきました。そのうちに、ほかのありたちも、一ぴき二ひきと道を見つけて歩きだしました。まただんだん

頁を開くとたくさんの文字

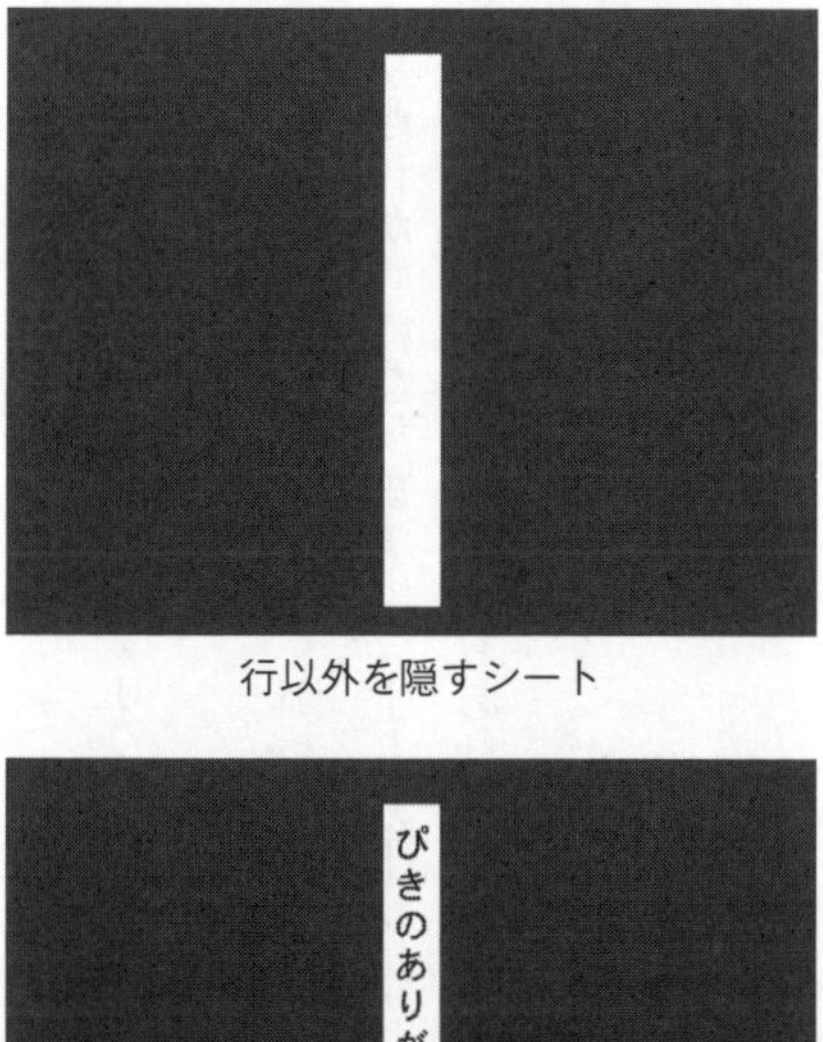

行以外を隠すシート

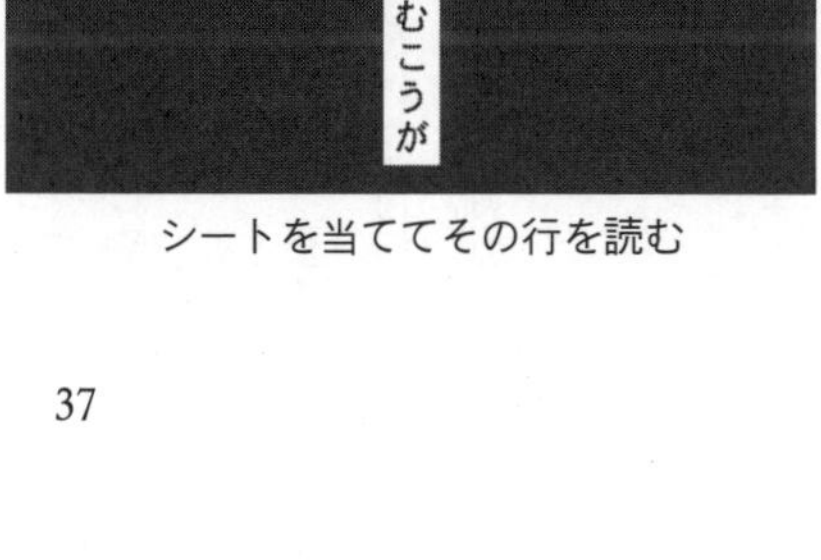

シートを当ててその行を読む

一方、授業中に「ここをノートに写してください」と言っても遅れる子がいます。「ここ」に当たる部分を色を変えたチョークで囲んだり、写す部分をプリントして配っておくと、写しやすくなったりします。

また、文字の書き始めの部分がどこから書くか分かりにくかったり、文字のバランスをうまくとれなかったりして、いつも人より遅れがちになります。先生もあまり長くその子だけを待つわけにもいきません。結果としてやる気を失ってしまうこともあります。書くことだけに困難があるのであれば、支援の工夫によってやる気までなくならないようにしたいものです。

学　習

11 文字が逃げる

「右と左が反対だよ」

何度言っても靴の左右を間違うDくん。靴に印をつけることで間違わなくなりました。文字を書く時も何となく変な形の文字を書きます。文章を読むのも苦手です。黒板に書かれた文字をノートに写すのも苦手です。

ある日、私はDくんに聞いてみました。

「Dくん、ノートに文字を書く時、困っていることない?」

すると、Dくんは言いました。

「文字が逃げるからつかまえて欲しい」

文字が逃げる、というのはどういうことだろうと考えました。Dくんにとって文章や黒板に書かれた文字は、ジャングルやサバンナにいろいろな動物が自由に歩いているような状態なんじゃないだろうか。とすると、種類ごとに檻の中に入れて動物園を作ればいいんじゃないだろうか?もしかしたら、文字が反対に見えたり、二重に見えたり、同じような文字の区別がつかなかったりするのかもしれません。

それから、黒板の文字は色を変えたり、区切るための線を引いたり、単語と単語の間をあけたりしました。

「Dくん、どう？　少しは分かりやすくなった？」

「うん。少し」

「他に困っていることない？」

「長く座っていると疲れる」

「そうか」

Dくんは筋緊張が弱く、体幹を支えることが普通の人よりも大変なのかも知れません。肘当てのある椅子があると少しは楽なんだろうなあと思いました。でも、Dくんの意向を聞かなければ、「恥ずかしいから止めて」と言われるかも知れません。

文字が逃げる

①
ワ~
ビ
ゾ~
キ
ウ
②
うわ~!
③
おっ!

ワニ
④
おりの中に入れられよった!

ワニ

学　習

12 思いを伝える

関わりたい気持ちはあるのですが、適切な伝え方ができにくい自閉症のＫＮくん。先生と本を読んだり文字を書いてもらったりするのが大好きで、好きなことをしている時はとても落ちついていますが、食べ物や水などが目の前にあるとがまんできずに手が出たり水の中に飛び込んでしまったりします。止めようとすると、パニックになります。

昼休みに図書室で、先生と本を読む時間に気持ちを言葉で表現する、という学習をしました。とても落ちついている時間なので学習もしやすいのです。

「ワンピース」とＫＮくんが言います。同じように書いてください、という意味です。私は「ワンピース書いてください」という誰にでも伝わる表現を学習してもらいたいと思いました。「書いてください」と私が言うと、ＫＮくんは「書いてください」と言います。私は指で「ワンピース」と書きます。ＫＮくんは「書いてください」と言えば書いてもらえるということを学びつつあります。

「ＪＲ西日本ひかりレールスター」と彼が言います。私はその後の「書いてください」という言葉を期待して待ちますが、出てきません。仕方なく私は「か……」と言います。するとＫＮくんは「書いてください」と言い、私は同じように書きます。

どうしたら伝わる？

「ワンピース書いてください」とＫＮくんが言うようになり、私は「ワ」という字をものすごく大きく書きました。そのあと私はこう言いました。

「大きすぎる」

すると、ＫＮくんも言います。

「大きすぎる」

私は普通の大きさで「ワンピース」と書きました。時々言われた言葉を大きく書くと「大きすぎる」と言えるようになりました。

先生や大人と伝える練習をして成功体験をすることが大切です。伝えようという気持ちは成功体験によって大きくなります。いきなり友達に伝えようとして「いやだ」と友達に言われたら成功体験になりません。まず大人との練習で成功体験をかさねましょう。

学　習
理解する
①

13 相手の心が読めない

教室で「これが分かる人?」と質問すると何人も手を挙げます。その中の一人をあてると怒り出す子がいました。
「何であててくれないの? 先生は『分かる人?』って言ったから手をあげたのに……」と言うのです。それはそうなんだけど、何人もの中からいつもきみをあてるわけにはいかないんだよ、ということを伝えても納得しません。
そんな子にこう書いて伝えると納得しました。

【答えを発表するとき】

ぼくは高等部一年生。学校で勉強するのが大好きです。ぼくのクラスには、一〇人の友達がいて、先生は一〇人みんなに教えています。先生はほかの人にも質問をします。だから、答えが分かって手を挙げても、先生はほかの人をあてることもあります。あてでもらえなくても、先生は、ぼくが答えを分かっていることを知っています。だから大丈夫なんです。他の人に発表のチャンスをゆずることはクラス全体にとって良いことです。

なんで当ててくれないの？

また、そうじの時間、水道の所に並んでいるのに割り込んで入り、雑巾を絞らずにふり回してひんしゅくをかっている生徒がいました。その生徒には次のような文を書いて見せるとピッタリしなくなりました。

【すてきなそうじ時間】

ぼくの名前は山田次郎。クイズやカードゲームがとくいな中学生です。そうじの時間になると、教室のはきそうじをしたり、ふきそうじをしたりします。ふきそうじは、ぞうきんを洗いに水道のところに行きます。水道があいていれば、ぞうきんを洗います。

そうじの時間は、学校の生徒はみんなそうじをします。だから、水道のところには、ぞうきんを洗いにきた生徒がたくさんいるかもしれません。でも大丈夫。ＯＫなんです。生徒が水道を使っていて、ぞうきんを洗えない時には、ぞうきんを洗っている生徒の後ろにならびます。前の生徒がぞうきんを洗い終わって、水道のところからはなれたら、ぞうきんを洗うようにします。ぞうきんを洗ったあとは、水がたれないように、両手で、かたくしぼるようにしてみます。水がたれていないかたしかめてから、ぞうきんを手に持って教室にかえると、先生は「すごいね」と言ってくれます。水道を生徒のみんなで気持ちよく使うとすてきなそうじの時間になります。

これらは、相手の心が読めないために周囲から空気が読めないと思われてしまう子の例です。一つ一つの場面についての正しい情報を提供し、振る舞い方を伝える方法があります。それらを学ぶには支援者向けの研修がありますし、書籍も出ています。

学　習
理解する
②

14 わからないからパニック

プールがなくなると怒り出してしまうMくん。楽しみにしていたプールなのに、その日になって無しになると大きな声で怒り出してしまいます。Mくんにどういう時にプールは入れて、どういう時に入れないのかを書いて伝えました。

■水温（水の温度）と気温（空気の温度）をあわせて五〇度以上ならプールはあります。

プールがない日

①
プール
プール
②
今日はプールありません。
③
なんで やねん!!
なんや…
なんやあいつ
なんや
④
そうやったんか…
ほれ
（プールがある時）
水温と気温を
たして50度以上の時
（プールがない時）
水温と気温を
たして50度ない時
と、雨の時
今日は→45度
プールなし→トランポリン
ナットク
ナルホド

■五〇度なければプールはありません。
■雨の日はプールではなく生活をします。朝のうんどうの後、トランポリンをします。給食は好きなものだけ食べてきらいなものは食べなくて良いです。

Mくんは給食の嫌いな物も無理やり食べるということを強要されてきていたので、それもしなくていいんだよ、ということも伝えました。

分からないから怒ったりパニックになったりしているのと、分っているんだけど、我慢できずに怒ったりパニックになったりしているのとは違います。見た目は同じなのですが、分かっていないかもしれないと思って、今一度分かる支援をすると「分かっていなかった」ということが我々に分かることがあります。

がまんする

15 お守りとがんばり表

叱られるようなことばかりするBくん。すぐに友達の頭を叩いたり、蹴ったりします。友達が傷つくようなことをあえて言います。注意されると「うるせー、クソじじい！」などと暴言を吐き捨てます。

「そんな言い方しないの！」

私もついカッとなってしまうことがたびたびありました。大人を怒らせるのが天才的にうまいのです。ついBくんの腕を強く握って止めることもありました。

「暴力教師！　訴えてやる！　お前はもうクビだ！」

その言葉にまたカッとなる私。

そんな悪循環を断ち切らなければなりません。どうしたものか、と考えたのが次の三つです。

①Bくんも私もカッとならないように気持ちに余裕を持たせる

（そのために）カッとなりそうな時の対応マニュアル

◑――私

・教師への暴言↓無視。
・友達への暴力や暴言↓阻止。落ちついてから話
・ストレスがたまったら、保健室のN先生に愚痴る。
・仕事を持ち帰らない

◐――Bくん
・お守りを握りしめて10数える
・違う部屋に行く
・深呼吸をする
・保健室でお茶を飲む

がまんくらべ

①
カッとしないように…
くそじじい!
②
おちついて対応…
バーカ!訴えたる!
③
がまん・がまん
死ね!
④
ガミガミ
モーダメ
わいの勝ちや!!

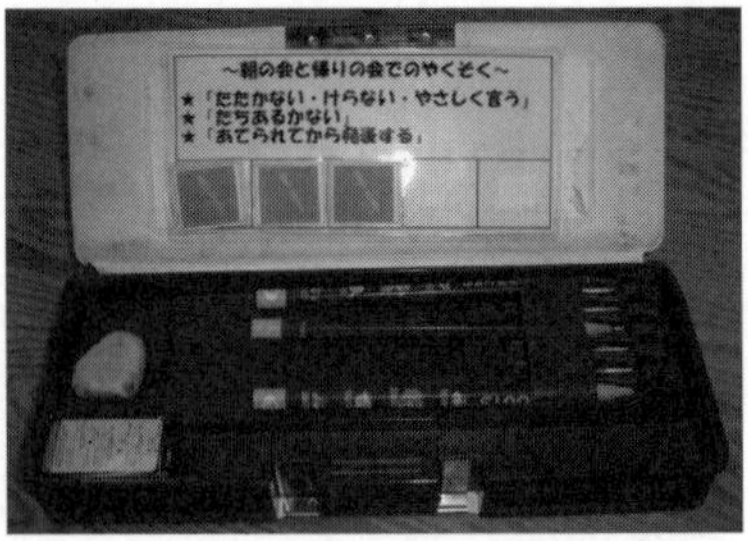

いつでも見えるようにペンケースの内側に貼ったがんばり表。「たたかない・けらない・やさしく言う」「たちあるかない」「あてられてから発表する」と書いてある。

②Bくんの行動の意味を捉える

（そのために）その行動によりBくんは何を獲得したのか、前後の状況から考える。

③自己コントロール力をつけるために必要なものをさがす

（そのために）がんばり表・保護者や医師との連携（服薬）

お守りは、Bくんとの約束が書かれた紙を丸めた物が袋の中に入っています。Bくんとの話し合いで、このお守りを握りしめれば怒りがおさまりがまんができる、ということを確認した物です。がんばり表は、Bくんとの話し合いで何をがんばるのか、がんばったら何があるのか決めました。一日中は難しいので、最初は朝の会と帰りの会の時に限定したがんばり表にしました。「暴力をふるわない、友達が傷つくことを言わない、立ち歩かない、意見がある時には手を上げてあてられたら話す」という内容です。

「がんばったら割りばし十本でどう？」

「本当？」

Bくんの目の輝きが変わります。割りばしをボンドで貼って家や建物を作ることが好きなのです。

「約束が守れたらシール一枚もらえます」

「うん」

「シール八個たまったら割りばし十本でいい？」

「えー、八個も？」

「じゃあ七個？」

「多い、五個にして！」

「しょうがないなあ、じゃあ五個にしよう、そのかわりがんばれよ！」

「うん！」

というわけでBくんが五個と決めた形にします。本当は最初から五個にしようと思っていて、わざと八個と言いました。「自分で決めた約束」という意識がないと「先生が勝手に決めたんだからそんなの知らん」ということになってしまうので注意が必要なのです。やる気にさえなれば、あとは目標に向かって私も手伝うよ、というスタンスでいけます。

「がんばり表はどこに置く？」

「そのへんに置いといて」

「忘れたらシールもらえなくなるから、筆箱のフタの裏はどう？　開けたら見えるよ」

「よし、そこにしよう」

Bくんは、常に見えるようにがんばり表を自分で筆箱の裏に貼りつけました。

がまんする

16 シミュレーション

Lくんは、ものごとを違ったふうに解釈をしてしまうことがよくあります。サッカーをしていて、なかなかボールがこないと「わざとボールを僕にまわさないようにしている」と言います。「そんなことないよ」で納得すれば良いのですが、そう簡単にはいきません。ボールを触った回数をみんなに聞いたり、フォワードなど攻撃するポジションはよくボールがくること、ポジションによってボールのくる率は違うこと、みんな勝つためにやっているのであって、ボールを沢山触るためにやっているのではないこと、意地悪で一人にボールをまわさないというようなことをする余裕はみんなにはないこと、チームが協力することが大切なことなどをゆっくり話せば分かるのですが、「そんなことないよ」だけだと、「訴えてやる！」とエキサイトしていきます。

また、給食を教室に運ぶ途中に廊下で何人かが話をしていると、「わざと僕を通さないようにしている」と言います。何とか通れても肘が少し当たっただけで「むこうがぶつかってきた！」と言うのです。ぶつかってきたのではなく、Lくんが通ろうとして、肘がLくんの手に少し当たっただけなのです。

「そんなことない」「思い過ごしだよ」など、Lくんが間違っている、という内容の話になると、しまいには「死ねっていうことか?」と言います。

事実を書いて伝えるほかに、そんな時どうするか、ということを前もって予習しておきます。

◆次のようなことがあったら気持ちはどれ?(平気・不満・怒る・激怒)

■友達の傘が自分に当たった――(　)
■悪口の落書きを見つけた――(　)
■失敗を「ばかじゃない」と言われた――(　)
■牛乳が配られていなかった――(　)
■サッカーのボールがこなかった――(　)
■ろうかに人がいて通れなかった――(　)

がまんできない

①
おい!
消しゴム かせっ!
いや
②
ボコッ
ウェーン!
③
遊びのとちゅうで…
うるさい!!
ボコッ
ズルーイ
ズルーイ
いけないよ
④
ブレーキが きかない オレ なんでやろ?
ゴーン

◈怒りを感じた時にどうする？

■お守りを握って10数える、深呼吸する
■別の場所に行く、お気に入りの音楽を聴く
■心の中で「ばかやろう！」「おちつく」と言う
■別の場所にいるつもりになる
■その他

こんな時にはこうする（はず）というシミュレーションをして、実際にトイレに「Lはすぐに怒る」と悪口を書いた紙を貼りつけておきました。

トイレから出てきたLくんは顔を真っ赤にして怒りに耐えていましたが、急に走って教室に行きました。そして鞄の中からウォークマンを取り出して聴き始めたのです。シミュレーションの通りにできたので思い切り褒めました。

これは、Lくんが耐えられるであろうと予測できる悪口を書いたことが成功体験に結びついたのだと思います。予防注射と同じようなものなので、本人が失敗をせずに実際の場面を体験できるような配慮が必要です。もっと良い方法があるかも知れないので、その他で一緒に考える、ということも意味のあることだと思います。

がまんする

17 トレーニング

一〇〇点でないといやなHくん。テストを返されて一〇〇点でないと、大きな声で泣き叫んでいます。

「一〇〇点じゃないといやなの！」

周囲の友達はしらけた顔でHくんを見ています。

また、ゲームの最中でもルールに従わずに注意を受けるとふてくされてしまいます。

「じゃあ、もうやらない！」

そう言ってどこかに行ってしまいます。

そんなHくんにがまんする機会をつくろうと、ジャンケン大会をしました。ジャンケンで勝つことが目標ではなく、ジャンケンで勝っても負けても相手と握手をして終わる、ということが目標です。

最初にルールを説明して、二人の児童が前に出てやってみます。お互い最後に握手をして終わりになり、みんなで拍手をします。Hくんの番になりました。

「最初はグー、ジャンケン・ポン！」

Hくんは負けました。さあ、どうする、と思っていると、手を差し出して握手をしたのです。

百点でなきゃいやなの！

ジャンケンには負けましたが、目標の通り、握手をして終わることができました。小さなことかも知れませんが、Hくんはがまんができたのです。そのことをたたえてみんなが拍手をしました。Hくんも嬉しそうです。

いつもトラブルを起こすHくん。みんなと同じことをして普通に見える時には、実はHくんにとってはがんばっている状態かも知れませんが、大人はそれを普通の状態ととってしまいがちです。

Hくんが自分でも困っている「がまんできない」場面になって、友達との間でトラブルが生じると、大人は「どうしたんだ?」ということでHくんに関わろうとします。いつもHくんの土俵で、マイナスの状態の時に大人は関わるようになります。その結果、大人が関わる時にはいつも注意される、僕はダメな奴、という自己イメージができてしまいがちです。

しかも怒る時は具体的な場面で怒るので何が悪いか本人にも分かります。しかし、ほめる時は「がんばったなあ」「すごいね」等々、抽象的で本人にも分かりにくい言葉でほめることが多いのです。

そうではなくて、こちらの土俵で、Hくんがマイナスの状態ではない時に、できそうな何をがんばるか、具体的な課題をHくんに提供すること、それがジャンケン大会でした。

その後、Hくんはジャンケンで負けても大きな声を出すことはなくなりました。

次はボーリング大会でした。ジャンケン大会の時と同じようにボーリングに勝つか負けるかではなく「最後までゲームに加わる」「ルールに従う」ということが目標です。ルールとは何かも具体的に書いておきました。そして、守れたルール、最後まで参加できたことを評価しました。

Hくんはジャンケン大会以来、目標をもって活動に参加し、がまんできることが増えていきました。

その後、Hくんは「他人を応援する」「協力する（どうやったら協力したことになるのかも示しました）」等の目標も達成することができるようになりました。自分の価値判断とは違うところで評価されるという経験が、Hくんの行動をかえるきっかけになったのだろうと思います。

こだわり

18 給食トラブル

朝、教室に入ると寝ころんで泣き叫ぶGさんがいました。「また今日もわけの分からない日が始まる」とでも言っているようでした。

スケジュールを作り、Gさんの首から今する活動のカードを入れられるホルダーをかけました。Gさんはカードをとってそのホルダーの中に入れます。時どきそのカードを見ては、今することはこれなんだよね、ということを確認するのです。

今する活動のカードを携帯する。スケジュールカードをホルダーに入れて活動場所に移動し、活動が終わったら取り出して、次の活動のカードを入れる。写真は「おんがく」のカード。

給食のメニューはホワイトボードに貼りつけられます。今日のメニューとして「ごはん」「ぎゅうにゅう」「ごもくに」等々の絵を先生が貼るのです。

さまざまな食べ物の絵が入った箱から先生が何枚かを取り出してホワイトボードに貼るのをGさんは見ていました。ホワイトボードに貼られた品が給食で出てくるのなら、自分も好きな物を貼ろう、と思ったのでしょう。自分で給食のメニューの絵が入った箱の中から「ハンバーグ」「コロッケ」等好きな物を見つけ出しては貼りつけます。しかし、給食の時間になると違う物が出てきますから「違うじゃないか！」ということでパニックになるのでした。

　給食のメニューの入った箱を隠しましたが、捜し出すのです。その箱を違うところに持って行くと「無い」ということでまたパニックになりました。

　そこで、「今日の給食」のメニューを一枚の紙に描くことにしました。その紙をGさんに渡して貼ってもらうのです。すると、パニックはピタリと無くなりました。

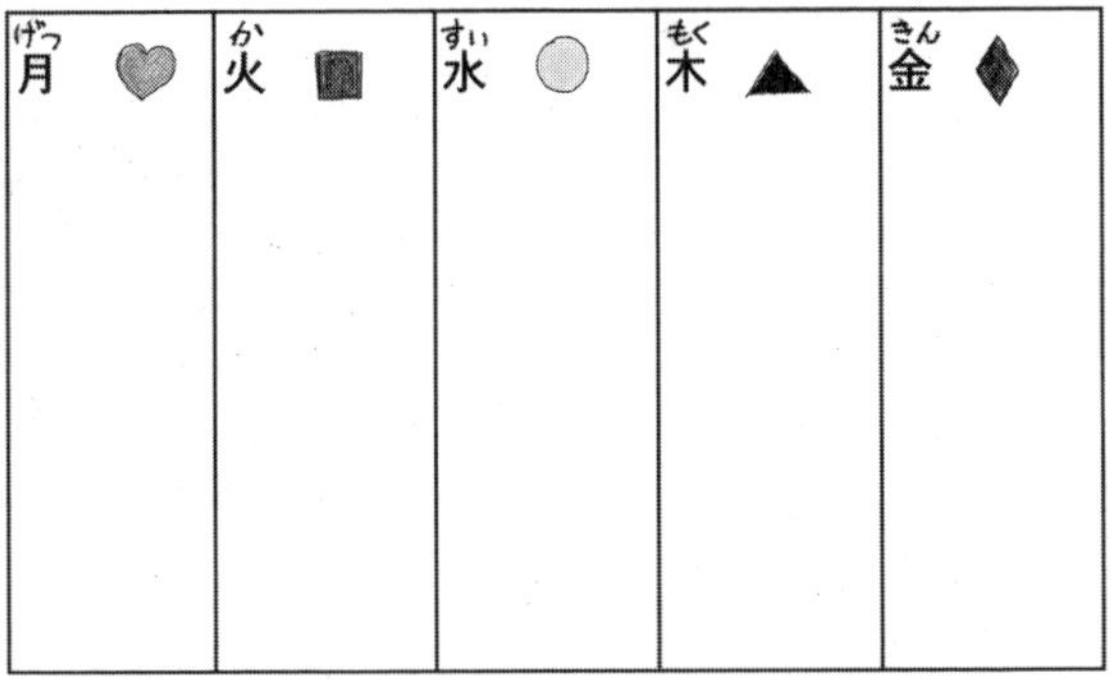

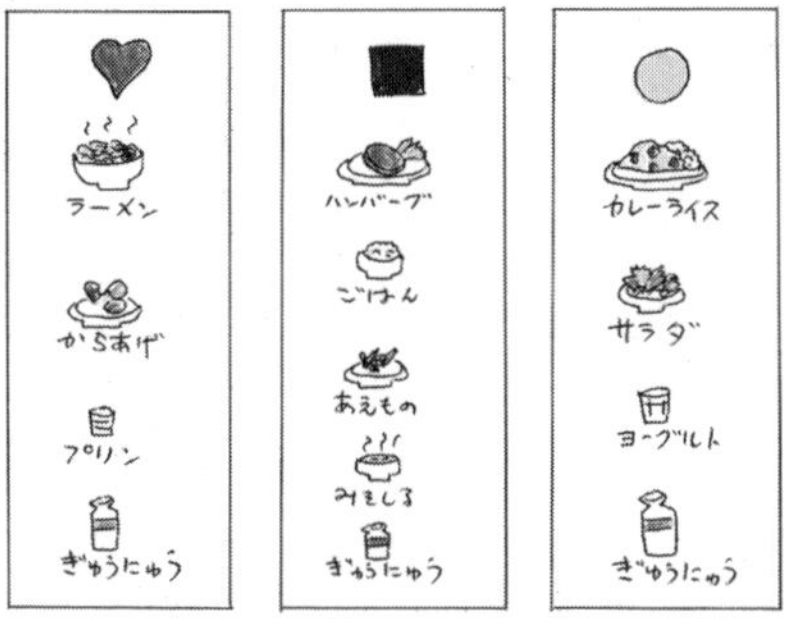

今日のメニューの絵を一枚の紙にして貼る。日付と曜日も書かれている。曜日のシンボルを○△◇等の絵で示し、曜日の理解も促した。

　ついでに、時間の感覚も身につけてもらいたいとの願いから、「明日の給食」も作りました。今日が何のメニューで、その次のメニューは……ということを続けることで、最終的には一週間のメニューが分かるようになりました。

　近くにいた先生は、そんなことでパニックが止まるのか、という顔でしたが、ピタリと止まり驚いていました。

　こんな例は少ないかも知れません。でもダメもとで、十やって一効果があったら良いくらいでやってみる価値はあると思います。やってみないことには子どもも我々も成功体験を得ることはないわけですから。

こだわり

19 偏食

食べる物に偏食の多いWくん。ご飯はふりかけをかけないと食べません。キュウリやこんにゃく、ニンジンは絶対に食べません。玉ねぎはコンソメスープに入っている時だけ食べます。プリンやアイス、ジュースなどは大好きです。魚は皮を取って細かくすると食べます。その他、食べられない物がたくさんあります。

「これを食べたらプリン食べていいからね」

食べられない❶

①
ごはんたべて!!
ごはんは砂や…♡
ふりかけ
②
なにっ?
おっ!
ふりかけ
③
パラパラパラ…
④
たべられたね♡
ヤッター!
ヨカッタネ
ふりかけかけたらたべられるんや!

などと言って、何かを食べさせようとすると怒り出してしまいます。コンソメスープを頭からかぶったこともありました。

そんなWくんですが、弁当箱を用意して、給食をその中につめかえてみました。すると、何と、その日の給食は全部食べたのです。給食の中には食べられないと思っていたキュウリも入っていました。そのキュウリは調理バサミで切って形をかえました。

「なんだ、容器を買えれば何でも食べられるんだ」と、目からうろこが落ちたように思いました。ところが、形をかえても容器をかえてもコンニャク、サツマイモ、ちくわ、白玉などは絶対に食べませんでした。もしかしたら、これらの物はWくんにとって砂やゴムを食べているように感じられるのかも知れません。感覚異常なのか、こだわりなのか、いろいろやってみると分かるかも知れません。

食べられない❷

①
さあ どうぞ
もう すすめんといて ほしいわ…
②
ほら、おいしいよ!! ちょっとだけ、ね♡
しゃーないな〜
③
どう？
どうせはきだすにきまって…
④
めっちゃうまいやん!!
ヤッター

こだわり

20 教室飛び出し ～こだわりを活動へ

学校の中の駐車場に止まっているたくさんの自動車。その自動車を見ているうちに触ろうとして止められ、泣き叫ぶKくん。

私はKくんのそんな姿を遠くからよく見ることがありました。スケジュールのなかったKくんに、今、していることと同じことをスケジュールにして提示しました。

分かってできる活動により安定して過ごせるようになったKくん。でもスケジュールの通りにどうしてもできないものがありました。やはり突然に自動車が見たくなって教室を飛び出して駐車場に走って行ってしまうのです。

私は、スケジュールボードの横に「くるま　みたい」という首にかけることのできるカードを用意しました。突然出て行っても仕方ないのだけれど、これをかけて行ってね、という意味でした。

自動車を見ている間はこのカードを首から下げています。私も一緒にKくんと駐車場を歩きながら、Kくんが車に触らないように注意しました。

二〇分ほど経って「5・4・3・2・1」とカウントダウンすると、Kくんは「くるま　みたい」のカードを首からはずして教室に走って帰りました。

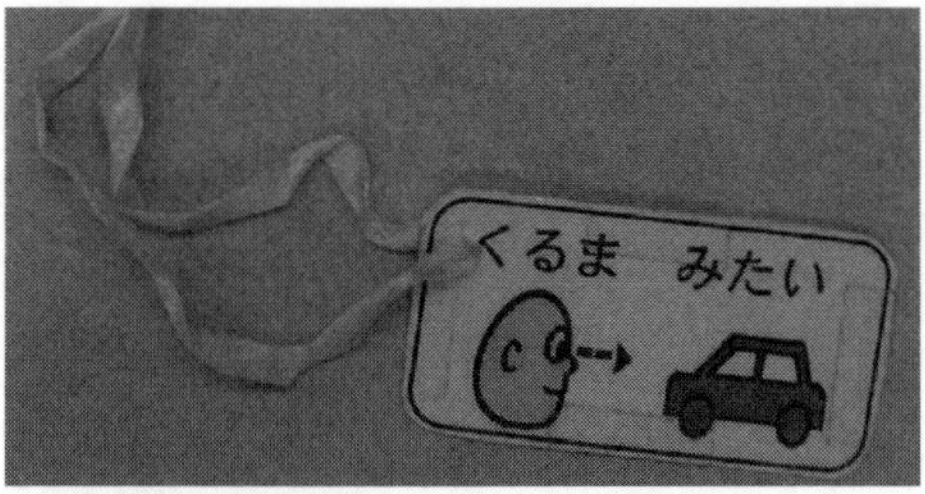

がまんできずに車を見る時に携帯するカード。

やがてKくんは、車が突然見たくなったら、このカードを自分から首にかけて見に行くようになりました。

しばらくして、このカードと同じスケジュールカードを作りました。もちろんひもは付けていません。そのカードを全体のスケジュールの中に活動の一つとして入れました。授業が終わったあとに「くるま　みる」という活動を入れたのです。どこかで見たカードがある、とKくんは思ったかも知れません。このカードは駐車場に行って車を見てもよいというカードだということは分かったと思います。スケジュールに入ると、車は見ることができる、と安心できたのか、突然教室を飛び出してしまうことはなくなりました。

また、きちんと本などを並べずにはいられない子が図書委員になって図書室の整とん係として「整とんのプロ」として認められたり、窓を閉めずにはいられない生徒が「窓閉め係」として、いつ閉めるか、という時間を決めることで係の仕事をきちんとできたり、電車や生き物が好きで、知っていることをまとめて「電車博士」「生き物博士」になる等、こだわりを活かして活動に結びつき、周囲から認められることもあります。

大人も出かける前にカギを閉めた後、ガチャガチャしないと安心できない等、多かれ少なかれみんな何かしらのこだわりをもっているとも言えます。そのこだわりが何かしらの問題になるような場合には、止めさせるのではなく、より好ましいこだわりに変えるくらいの気持ちでいるのが良いようです。

コミュニケーション

21 言葉のない子の気持ちを知る

一週間、何も話さずにいると話さない子の気持ちが少し分かるような気になります。

Tさんは自閉症で言葉がありませんでした。嫌なことや分からないことがあるとパニックになっています。パニックだと思われても要求を聞き入れるとおさまるのはパニックではなく、表出コミュニケーションの問題です。適切に伝える方法を学習すれば良いのです。

Tさんにスケジュールを導入すると、パニックはピタリとおさまり、落ちついて学校生活を送

パニックじゃなかった

①
わかった わかった しなくていいよ
②
ん?
ピタッ!
エッ
…ということは…
③
いやだ
いやだ
どうぞ
④
そうそう♪
そう言えば エエんやな♡
ナルホド

ることができるようになりました。パニックになる時は私の伝え方が悪かったか、不十分だった場合でした。パニックの原因が分かれば対処できます。

休憩時間にTさんはボールプールに入るのが好きでした。好きな色のボールを自分の周りに集めて、終わる時間になると、ビニール袋に色とりどりの好きなボールを入れて教室に持って帰るのです。

ところが、家庭の事情によりTさんは施設にあずけられることになりました。その日からTさんは、ボールプールに入ると、黒いボールばかりを集めるようになりました。袋に黒いボールばかりをつめて教室に持って帰るTさんを見ていると、その真っ黒なたくさんのボールは、まるでTさんの気持ちを現わしているように思えました。

言葉で気持ちを伝えることは大切なことですが、それができない時、Tさんのように、物に自分の気持ちを託して表現するんだと思いました。同時に言葉のない子どもたちは、自分の気持ちを物を使って表現しているんじゃないか、それに自分が気付いていないことがあるように思えて仕方ありませんでした。

コミュニケーション

22 答えられない質問

二学期の始業式、Ｓくんに私が聞きました。

「Ｓくん、夏休み、どうだった？」

Ｓくんはポカンとした顔です。

「楽しかった？」

私はもう一度聞きました。

「楽しかった」

「何が楽しかった？」

「お祭りに行った」

「へえ、誰と行ったの？」

「お父さんとお母さん」

「何か買ってもらったの？」

「やきそばとジュース」

「いいねえ」

「……」

「やきそばとジュースはどっちが好き?」

「うーんとね……ジュース」

「へえ」

Sくんの顔は次第に生き生きしてきました。

私が最初に聞いた「どうだった?」という言い方は、Sくんにとって難しい質問でした。何を聞かれているのか、何を答えてよいのか分からなかったのだろうと思います。

■「夏休みはどうでしたか」↓何とでも答えられる質問。何を聞かれているのか分からないこともある。
■「昨日の休みには何をしましたか」↓日が限定されている。その日の中の何を答えるのかは任されている質問。
■「どこでその本を買いましたか」↓明確な答えがある質問。
■「うどんとラーメンではどちらが好きですか」↓二択になっている質問。
■「消しゴムをもっていますか」↓「はい」か「いいえ」で答えることができる質問。

質問の仕方によって答えることができるかどうか決まります。何が分かって何が分からないのかということを知って、本人にあった聞き方をしないといけないなあ、と思った私でした。

コミュニケーション

23 伝えたい内容

立ち歩いたり、すぐに手が出たりして注意されることの多いNくん。

「Nくん、きちんとしてください！」

「Nくん、だらしないよ！」

いつも注意をされているNくんは言い返すようになりました。

「きちんとしてるわ！　クソじじい！」

Nくんとしたら、きちんとしていると思ったのかも知れません。

「きちんとする」「だらしない」「恥ずかしい」「なぜ分からないの」「人のことも考えなさい」「笑われるでしょ」……

このようなあいまいな言い方をしてしまうことが私もよくあります。分かる子であればよいかも知れませんが、もう少し具体的にすればもっと分かりやすいこともあります。

「Nくん、物を食べながら話しません。ごっくんしてから話そうね」

「下着のシャツが出てるよ。ズボンの中に入れるとカッコいいよ」

等々、どうすればよいのか、具体的な振る舞い方を含めて肯定的な伝え方をすれば、Nくんも「うるせー、クソじじい！」というひと言をこらえることができるかも知れません。

また「お前ら消えてしまえ」という生徒に、

「そんなこと言ったらダメ」

「怒ったらダメ」

と言いたくなります。しかし、何かを伝えようとしているその気持ちは大切です。

表出コミュニケーションには、意図と伝達スキルの両方が必要です。「そんなこと言ったらダメ」という言葉の真意は「そんな言い方をしたらいけない」ということのはずです。しかし本人にとっては伝えようという気持ちも否定されたように聞こえるでしょう。

「お前ら消えてしまえ」という言葉は、「うるさいから一人になりたい」という気持ちで言われた言葉だったかも知れません。伝達スキルの方だけ「こういう言い方をすればよい」ということを伝えるといいと思います。

注意の仕方

コミュニケーション

24 関わりたいから話しかける

高等部のＨＩくんは、昼休みに体育館で私を見つけると意味の分からないことをいきなり話しかけてきます。

「のぞみコーポレーション」「仮面ライダーのベルト」「のこしかや」等々です。

「のぞみコーポレーションだねえ」

「仮面ライダーのベルトだねえ」

関わりたいから話しかける

①
のぞみコーポレーション
のぞみコーポレーション
くり返すしかないわ…
②
のこしかや
のこしかや
通じてるわ♪
③
仮面ライダーのベルト
水こぼした
ポテトチップあるよ
仮面ライダーのベルト
ポテトチップあるよ
水こぼした
伝えたい！
④
ことばふえたなぁ〜
伝えたい 伝えたい 伝えたい……

などと、私は同じことをくり返していました。

私としたら、無視するわけにもいかず、分からないのでくり返すしかないのです。自閉症の子がこちらが言ったことが分からない時に同じことをくり返す（エコラリア）のと同じです。

そのうち「とうさんにしかられた」「水こぼした」「ポテトチップあるよ」等、何となく意味の分かるような言葉も出るようになりました。

「とうさんにしかられたか」

「水こぼしたんだ」

とやりとりに近い言葉を返していきました。

ＨＩくんは私が同じことをくり返すので何かが通じたと思ったのかも知れません。私を見ると話しかけてきていました。ずっと同じようにくり返すのは疲れる作業でしたが、ある時、担任の先生が私に言いました。

「ＨＩくん、最近言葉が増えてきたんです」

私は、話そうという対象としてＨＩくんに認められたことが嬉しかったし、何かが通じた感覚を共有できたことがＨＩくんにとって意味のあることだったんだと思いました。

コミュニケーション

25 伝えるために必要なもの

伝えるためには、伝えたいという気持ち、伝えるための手段が必要ですが、それまでにさまざまな感覚刺激によって発達の基礎ができていることが必要です。

言葉の無い子にろうそくを吹き消さす等、息を出す練習や正しい発声をする練習が必要な子もいました。カードやVOCA（Voice Output Communication Aids）などのAAC（代替補助コミュニケーション）を使って自分の意思を伝えることができる子もいました。

VOCAとは、音声を出すことができるコミュニケーション機器のことで、さまざまなものがあります。これを使えば、言葉のない子も朝の会の司会ができます。司会が言うことをVOCAに順番に録音しておき、順番にスイッチを押すと、「これから朝の会をはじめます、きをつけ、れい」「けんこうかんさつ」等々、VOCAが話すことで司会ができるのです（次頁写真）。

次頁写真（下）は、どこを押すのか分かりにくい子の場合、「ここを押す」ということが分かるように、一つだけスイッチが見えるようにしたものです。VOCAを使うことで「できない」が「できる」になり、できることが周囲の友達にも伝わります。

どんな人間も幸せになりたいと思っています。本人の内面の欲求は何かということを知ることが、適切に関われるかどうかを決めます。話せないのは何が原因なのか、ということを知らなけ

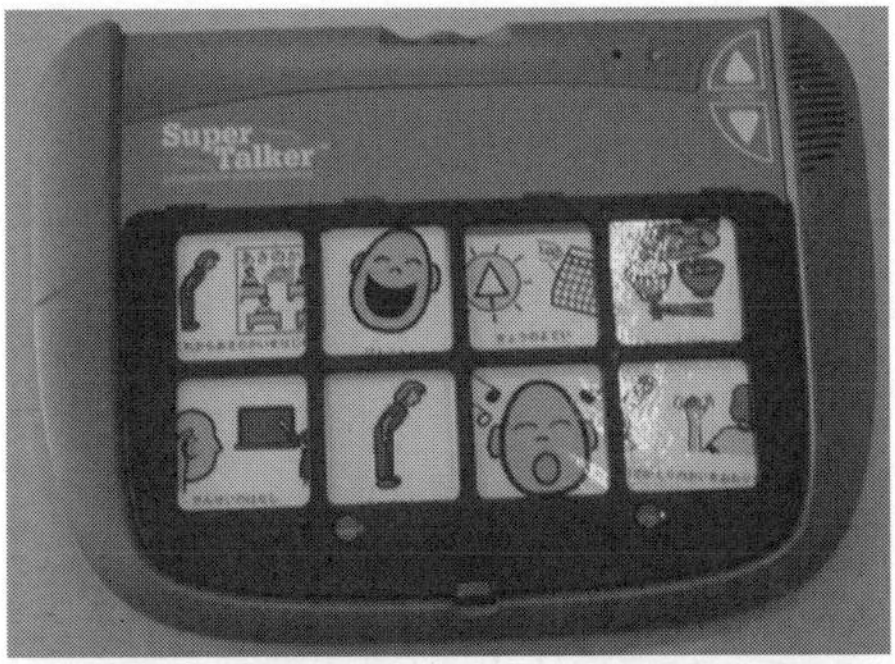

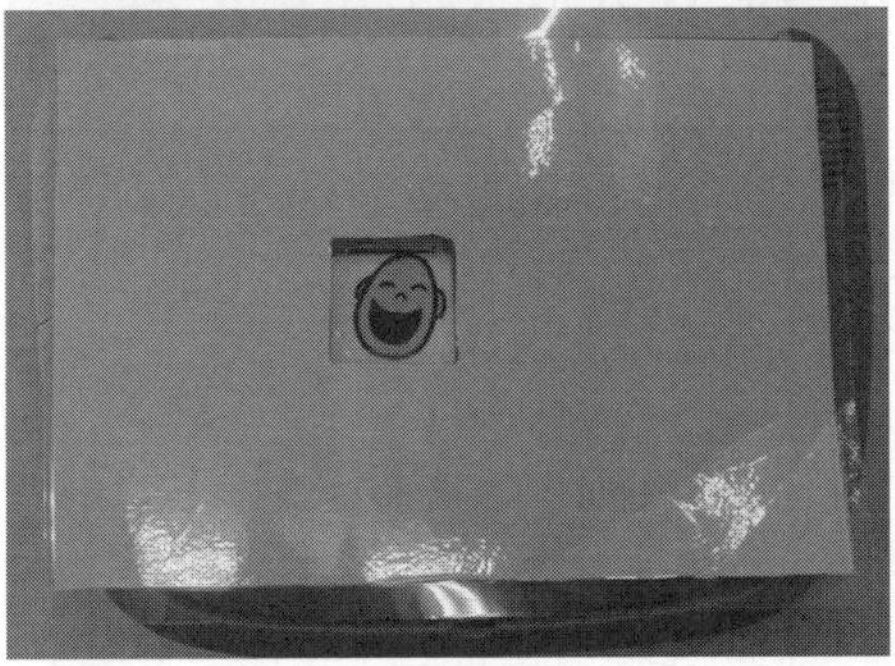

絵のスイッチを押すと「おはようございます」等の音声が出る。順番に押していくと、朝の会の司会ができる。写真下は上の機器で、どこの絵を押すのかシートを置いて分かりやすくした。

ればなりません。気持ちが育っていないのか、スキルが足らないのか知る必要があります。知ろうと思わなければ近くにあっても分からないことがあります。

朝の運動で山登りのコースを歩くのを続けているうちに、やがて階段から飛び降りるようになり、バランス感覚や体力もついてきて、言葉が出始めた子がいました。たくさん身体を動かして、いろいろな物に触れる、歩く、走る、揺れる、バランスをとるなどの粗大運動や、さまざまな感覚刺激が必要な子もいます。

例えば、トランポリンが好きな子はたくさんいます。自閉症のＥＴくんもそんな子でした。休み時間にはトランポリンに乗ってとぶのが大好きです。自閉症の子は刺激が嫌いなことがあります。トランポリンでとんでいる間は同じような感覚刺激が得られて心地良いのでしょう。それに外からの余分な刺激もシャットアウトできます。自分の世界に入りこみやすい活動です。

また、ＥＴくんは左右の利き手が完全には確立していませんでした。一応、右利きということにはなっていますが、給食を食べる時に食器を左手で持ちません。注意されて持つくらいです。ペンや鉛筆で何かを書く時にも左手を添えることはなく、だらんと下に降ろしています。左右でそれぞれの役割が担えるようになっているというのが「利き側ができている」状態です。ことばの発達には左右の脳の役割分

落ち着くところ

担（つまり「利き側」ができること）が必要なのです。

左右の役割分担のためには身体の「中心」が明確になっている必要があります。まず平衡感覚が発達して姿勢を維持できるようになることが大切です。平衡感覚ができて姿勢が維持できるようになると、身体の中心となる正中線が確立されてきます。正中線や左右の利き側が上手くできるということは、身体や言葉の発達にとても大切な要素です。

ＥＴくんはトランポリンを続けていました。先生からの注意もあったと思いますが、何も言われなくても食器を持って食べるようになり、左手を添えるようになりました。トランポリンという活動をひとつとっても、いろいろな見方ができるものです。

ぐらぐらゆれる橋の上で会話はできないように、心と身体が安定していないと言葉は出ません。まず橋を安定させること、その上で会話は成り立つのだろうと思います。

コミュニケーション

26 見える言葉・見えない言葉

「リンゴ」とか「えんぴつ」などと言って、今食べている赤くて丸いものがリンゴであることを知ったり、長くて紙に絵が描けるものがえんぴつであることを知った子どもは、リンゴが何であるのか、えんぴつが何であるのかを理解します。そして「リンゴとって」「えんぴつをとって」と言われたら、目の前にあるリンゴやえんぴつのことだと分かるようになります。

赤くてまるい食べ物が「リンゴ」になったように、いろいろな物に名前がつけられて言葉になっ

見えない言葉

ていきます。

ところが、言葉になっているのは「リンゴ」や「えんぴつ」のように実物として存在するものばかりではありません。「やさしい」「まるい」「かく」「いろいろ」など実物として存在しないものばかりです。その言葉があることによって概念が生まれるような言葉です。会話で使われている言葉はほとんどがこのような言葉です。

抽象的なことが分かりにくい発達障がいの子どもたちにとって、目に見えない言葉の世界は分かりにくいだろうと思います。特に実物として存在しないような言葉ばかりで成り立っている会話は分かりにくいのです。

「もうすぐ冬休みですね。交通事故や食べ過ぎに注意してください。お父さんやお母さんのいうことをよく聞いて、楽しい冬休みになるようにしましょう。また始業式に会えるのを楽しみにしています」

などと言っても、分かるのは「お父さん」「お母さん」だけという子がいるかも知れません。

あなたは「痛い」という言葉を、いつ、どこで学びましたか？　そんなことを言われても「分かりません」としか答えられないかも知れません。歩き始めた乳幼児が母親の見ているところで転けてしまい大きな声で泣いています。その乳幼児があなたの幼い頃だったとしましょう。お母さんは、あなたを抱き起こしてあやします。そして、あなたがひくひくしながら、それでも泣きやんだところでこう言うのです。

「痛かったね」

痛いってどんなこと？

①
あらっ
バタッ！
②
よしよし
③
よしよし
ヒクヒク…
④
痛かったね
これが「痛い」か…
ナルホド

私たちはそのようなことの繰り返しにより「痛い」という概念を学んできました。こういうことが「痛い」ことなんだと。それは道で転んだ時も、家の柱の角にぶつかった時も、砂場で友達に足を踏まれた時も「痛い」という共通の感覚であるということを学ぶのです。そして、さまざな場面で「痛い」という概念を言葉で表現することができるようになったのです。

文字が大好きな自閉症のＫＹくんは、私と休み時間に図書室に行くことが度々ありました。とても楽しい時間でした。そんなＫＹくんとの楽しい時間の中で、本の内容に関連してシャワーから水が噴き出す場面で、私はＫＹくんに水がかかるような仕草をします。ＫＹくんは笑っていますが、嫌だったと思います。そんな時に、私はＫＹくんに言います。

「やめて」

私が言うと、彼も同じように「やめて」と言います。私はすぐに止めます。そんなことをくり返していると、ＫＹくんは同じ場面ではすぐに「やめて」と言うようになりました。

また、違う場面で、私は自分の顔を本に近づけてＫＹくんに見えないようにしました。そこで私は言います。

「や」

すると、ＫＹくんは言いました。

「やめて」

自分にとっていやなことがあった時には「やめて」と言えば良いんだ、ということを学習したのです。意図的な関わりのほかに、日常生活のあらゆる場面で言葉に置き換えることができる、ということを学習させることができます。要は、具体的な物、具体的な体験、それらと言葉をいかに結びつけるかが、概念の形成に大切なことだと思います。

行事
校外活動

27 運動会

分かりにくい上に暑い時期にあるのが運動会です。見通しが立ちにくい活動なので、自閉症の児童生徒にとってはつらい活動です。持ち運べるスケジュール（次頁写真）や居場所を作るためにマイチェアやフラフープといったものを用意することもあると思います。

普通学級に在籍しているYくんは、基本的には参加できるのですが、友達とトラブルになりやすかったり、どこかに行ってしまったりすることがあります。そんなYくんと運動会でがんばる約束をしました。

◐――開会式（目標）

■黙って話を聞く

■良い姿勢

■話している人を見る

※いやなことがあった時↓式の後で先生に言う

◐――見学（目標）

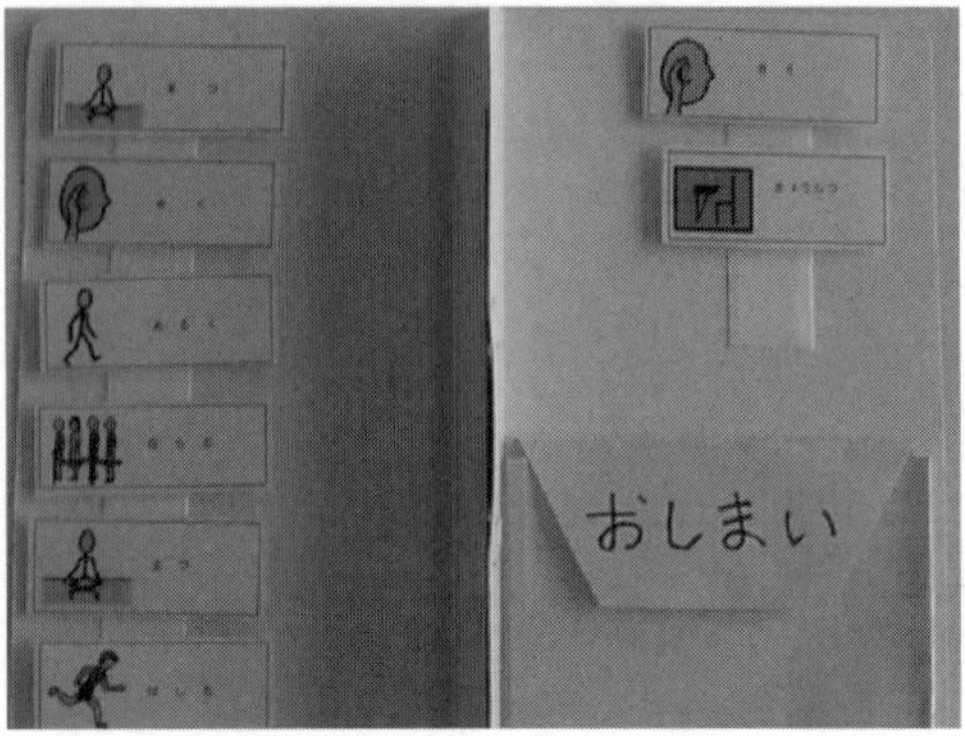

持ち運べるスケジュール

■応援席でクラスの応援をする
■離れる時は先生か、○○くんに「～に行きます」と言う
※いやなことがあった時↓がまんして、後で先生に言う。その場から離れる＝①クスの木、
②保健室

◐―昼休み（目標）
■教室で昼食を食べる
■12時50分までに応援席に戻る
※いやなことがあった時↓A、その場から離れる＝①相談室、②保健室。
B、先生に言う＝職員室

◇各競技ごとに守る約束の数

【開会式】――――3
【見学】400メートルリレー――2
【見学】幅跳び――――2
【見学】ダンス――――2
【昼休み】――――2
【見学】タイヤリレー――2
【見学】クラス対抗リレー――2

【見学】騎馬戦――――――――――2
【閉会式】――――――――――――3

◆守れた○の数
20～18→A（表彰状）
17～13→B（反省文）
12以下→C（個別懇談）

以上のことを納得した上で運動会に参加しました。自分でがんばると決めた目標なのでがんばりました。そして見事に表彰状をゲットしました。

行　事
校外活動

28 やる気をだす

目標があるとやる気が出るのはみんな同じです。

「修学旅行に行く人?」という言葉かけでがぜんやる気が出る生徒から、そんな言葉かけでは分からない生徒までさまざまです。そうかと思うと、言葉が分かるのですが、ダラーとしてやる気の起きない生徒もいます。

例えば、山に登るという活動では、「ぼく、行かない」と言って行きません。行ったらこんなに良いことがある、行かなかったらこんなにつまらない、という見通しが立ちにくく、今楽しいかどうかがやる気を大きく左右するような生徒です。「やらないといけないことだからやりなさい」という指導がくり返されると、「やりたくないからしない」という気持ちを育てます。

この生徒に山登りの途中で木を本人の目の前にちらつかせて「ホース」「釣り」「ライフル」などと言いながら、その気にさせて登る先生がいました。少々荒っぽい感じもしますが、その子は喜んで登りました。

その子にとって、やる気になれる物が何か知っておくことは大切だと思います。動機づけの度合いとしては、一般的に左記の①が強くなります。

①消化物A（おやつ、ジュースなど、その子が特別に口に入れることができるもの）

やる気をだす

②消化物Ｂ（お茶、給食など学校内で口に入れて良いもの）
③操作物（玩具や遊具で遊ぶなど）
④視覚・聴覚刺激（音楽を聴く、テレビを観る、本を読むなど）
⑤社会的刺激（褒められる、注目されるなど）
⑥トークン（シール等が何枚かたまったら好きなことができるなど）

また、見通しがたつからがんばれる、ということがあります。好きな遊びなんだけど、止めて教室に戻らなければなりません。もう二度と遊べないと思うと「戻らない」と言いますが、「給食の後、また遊べる」という見通しが立つと止めることができる子がいます。

「みんなが四〇分がんばるのだから、がんばりなさい」という、その子にとって見通しが立たないような時間設定ではがんばることはできません。五分だけならがんばれる子は、少しずつ時間を延ばすことができます。

行事
校外活動

29 作業学習

何をするのかという見通しだけでなく、今している活動は何のためにするのかということをやっている本人が分かっていることは大切なことです。

高等部で作業が行われていますが、次頁写真の例は、お菓子の箱を組み立てる作業を一回行うとカードを裏返して、六回でキャラクターの絵が完成します。

本人の好きなキャラクターです（写真右）。最後の「十円ください」と本人が言うことで十円もらえます。

その十円を赤い箱に入れて、十個たまったら「百円にかえてください」と言って百円をもらいます。その百円を青いケースに入れていき、十個たまったら「マクドナルドにはいつ行きますか」と聞きます。

行く日を調整して千円持ってマクドナルドに行き、好きな物を食べる、という流れです。

就労に結びつくように、作業をするだけでなく、作業をすることで収入を得られるということ、そして、得た収入で好きな物を買うということまで見通しを持たせようとした例です。

ちなみに、収益となるお金は予め保護者から集金しておきます。

作業の手順書やチェックリストを用意することも評価の一つとして大切です。チェックする基

Ⓑ

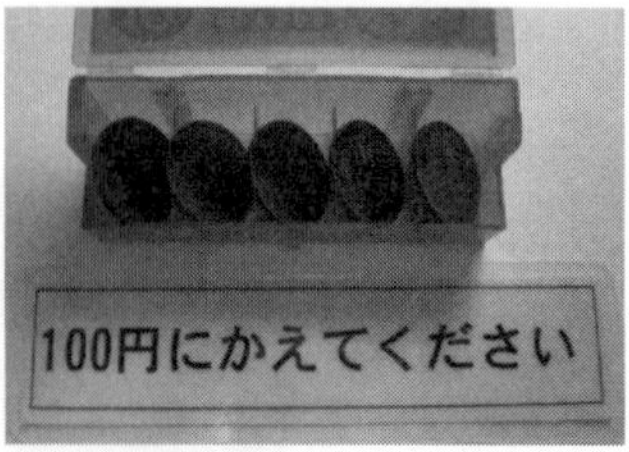

Ⓒ

Ⓓ

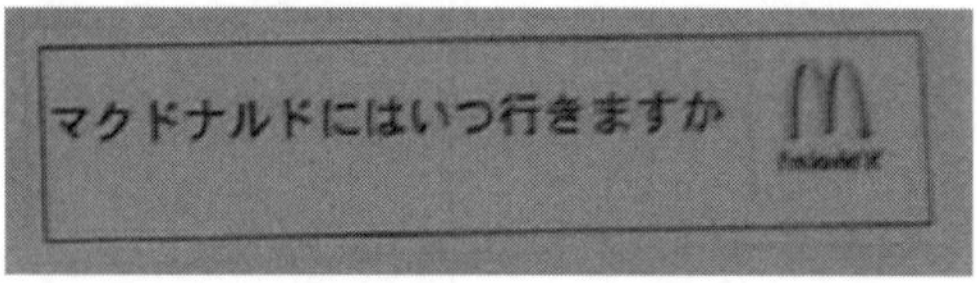

Ⓐ

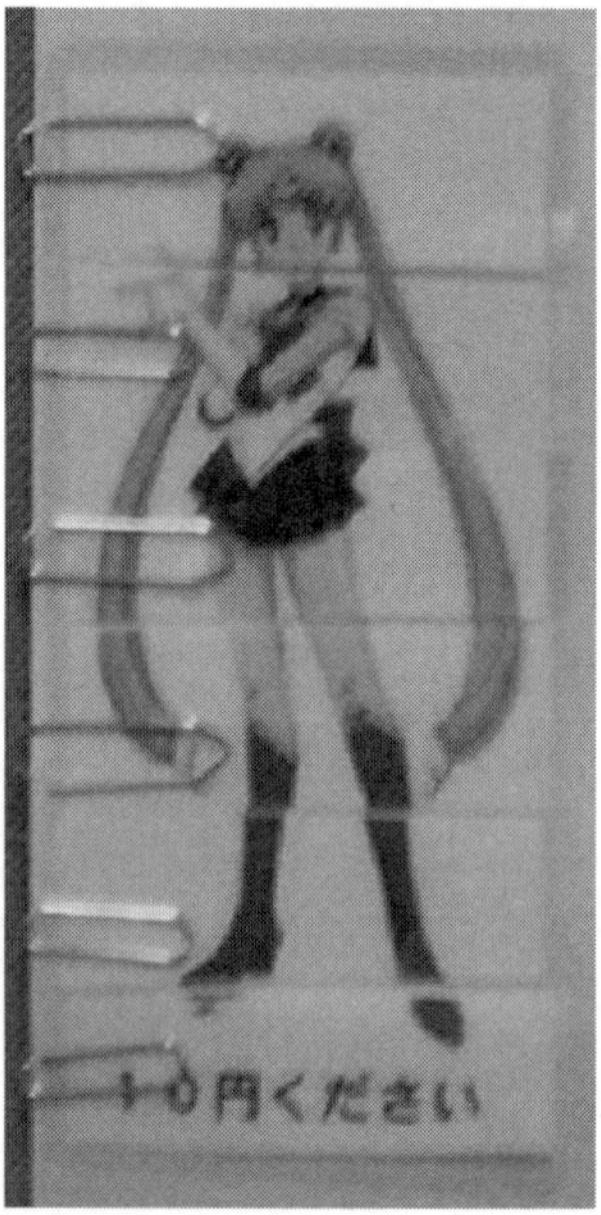

Ⓐ、お菓子の箱を組み立てる作業で、１回行うとカードを裏返す。６回でキャラクターの絵が完成し、最後に「10円ください」という文字が出る。
Ⓑ、10円を赤い箱に入れ、10個たまったら「100円にかえてください」と言って、100円に替えてもらう。
Ⓒ、その100円を青いケースに入れていき、10個たまったら「マクドナルドにはいつ行きますか」（Ⓓ）と聞く。

準を、自分と先生のとを比較できるようにします。

　例えば「ゴミが落ちていないか」という項目をチェックし、本人は○にしているけれど、先生の目から見ると△だったとすると、その違いを指導します。

　することが分かること、する内容がよいかどうかのチェックを先生との間で確認することで「自分でできる」ようになるのです。

行　事
校外活動

30 交流学習

交流学習の時に自閉症のMさんが小学校にバスで行きました。同じ学年の児童と教室でクッキーを作って食べた後、数人のグループに分かれて運動場に出てスタンプラリーをします。ジャングルジム、砂場、なわとび等々、それぞれの活動場所をグループで巡りながらその活動をしてスタンプを押すのです。

Mさんが混乱しないようにスケジュールを組み、できるだけみんなと一緒に参加できるようにしました。分からなかったり、思いと違っていたりすると噛みついたりひっかいたり、寝ころんで泣き叫んだりするMさんです。

Mさんは途中まで落ちついて参加していましたが、スタンプラリーの活動内容が変更になり、見通しが立たない状態になってしまいました。

「Mさん、暴れるぞー」と思っていると、Mさんは、スタスタと歩き出しました。どこに行くんだろうと思って心配しながらついて行くと、乗ってきたバスの方に行きます。「訳が分からないから、あたし、ここにいるね」と言っているようでした。

バスを開けてもらい、中で静かに待つことができました。いつものMさんとは違う行動ができたのに驚きました。そしてバスが動き出してから「またこうりゅう、いこうね」と言ったのです。

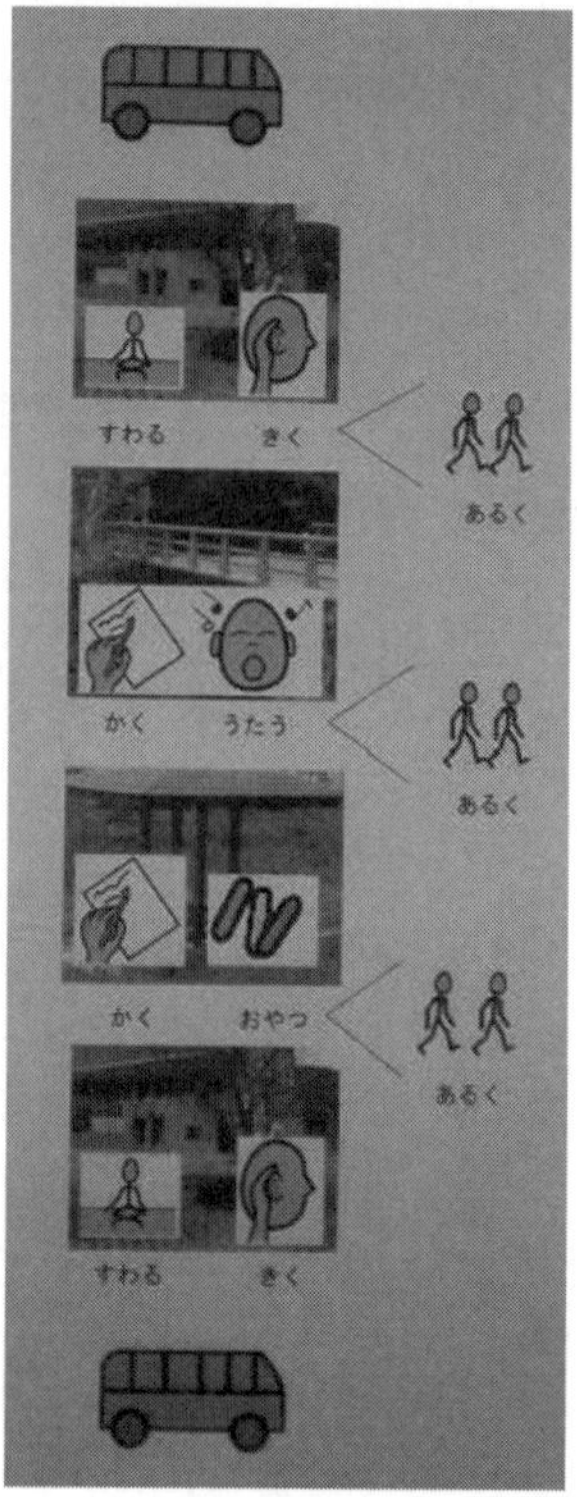

手順を視覚表示した校外学習のスケジュール。バスから降りて「すわる」「きく」。歩いたあと「かく」「うたう」。再び歩いて「かく」「おやつ」……。

何事もなく、自分の分かる活動を淡々とやっていたように見えるMさんですが、小学校の友達と一緒に活動する中で何か感じるものがあったんだろうなあ、と思いました。

ブラジルの小学校に日本人の子どもが一人でいるとします。言葉の分からない日本人の子どもとブラジルの子どもたちの間にサッカーボールがあれば、サッカーが始まるかもしれません。お互いが分かってできる物や活動があると、人と人は関わることができるんだと思います。

発達障がいであろうとなかろうと、人として「関わりたい」という気持ちは誰もがもっているはずです。ただ、関わり方が分からなかったりぎこちなかったりするので、失敗体験を重ねてしまいがちなのだろうと思います。

発達障がいを「特性理解」という視点から見ることはもちろんとても大切です。同時に忘れてはならないことは、発達したいという願い、幸せになりたいという願いをもった一人の人間であるということです。発達障がいの子どもと関わる私たちは、その両方を行き来しながら、全てを分かるということは決してできないのだという謙虚さを忘れることなく、しかし一部分でも分かろうという努力をしていかなければならないのだろうと思います。

身辺自立

31 片付けは苦手

片付けは苦手❶

私自身もそうですが、片付けが苦手な子がいます。机の中がゴチャゴチャしていたり、机の周りにゴミがいつも落ちていたりするのです。

「このゴミを拾いなさい」とか、「机の中の物をきちんと整理しなさい」と言われると、その時はできるのですが、すぐに前と同じようになってしまうのです。

机の横にビニール袋をつり下げ、その中にゴミを入れるようにするだけで机の周りのゴミが少

片付けは苦手❷

なくなった子がいました。

また、授業の終わりに一分間ゴミ拾いゲームなどで、

「ゴミが落ちていないか、自分の周りをみてみよう」

と確認させると喜んでする子もいました。

どういう状態が片づいた状態なのか分からない子には、片付けができた状態を写真にとって「これと同じようにする」と貼っておいたり、箱や仕切りでどこに何を片付けるか分かるようにしたりすると、その場面については片付けができた子もいました。

身辺自立

32 忘れ物対策

忘れ物は「片付けができない」ということと関係あるかも知れません。明日いる物が何なのか確認できていない可能性があります。例えば連絡帳は書いているか？　時間割は分かっているか？などです。その他、明日必要な物を確認しよう、という気持ちにならないということもあります。

学校で忘れ物をする前に家でシミュレーションする練習を家庭と協力して行いました。

家で教科ごとの箱を用意します。学校から帰ったら、カバンの中の物を全部出して、各教科に関する物はそこに入れるようにします。カバンを一度空にするのです。そして、連絡帳を見ながら必要な物を入れるようにします。できたかどうかを夕食前に確認してもらうようにしました。食べる前に行うことがポイントです。

「夕食を食べる」という活動は必ずその日にありますから、いつまでにこの作業をするのかはっきりするからです。そして、この作業をしないと食べられないのですから、せざるを得ないという面もあります。

忘れ物をしないために、何をするのか、いつするのか、ということが習慣になるまでお家の方に協力してもらいました。

身辺自立

33 買い物

「ＫＹくんは買い物ができないんだよ」と、ある先生が言います。よく聞いてみると、レジで言われた金額を出すことができないのだそうです。どういうことができたら「買い物ができた」ということになるのか課題分析をしてみました。

①カゴを持つ
②品物のところに行く
③品物を選んでカゴに入れる
④レジカウンターに行く
⑤レジカウンターに並ぶ
⑥カゴを台の上に置く
⑦会計を待つ
⑧言われた金額を出す
⑨おつりとレシートを受け取る
⑩カゴを持って移動させる

⑪袋に買った品物を入れる
⑫カゴを戻す
⑬袋を持って店を出る

こうしてみるとKYくんは、⑧の「言われた金額を出す」ということができないだけで、買い物のほとんどはできているということが分かります。彼の課題は「買い物をする」ではなくて、「言われた金額を出す」ということになります。

買い物ができないといっても、カゴを持ってお店の中に入っても買うべき品物を選ぶことができなかったり、レジカウンターで並んで待つことができなかったりする子もいるかも知れません。

同じように「靴をはく」という活動を課題分析してみます。

①靴箱に行って自分のはきかえる靴を見る
②靴箱から靴を出して下におく
③今はいている靴を脱ぐ
④脱いだ靴を自分の靴箱に入れる
⑤出した靴の片方をはく
⑥出した靴のもう一方をはく

⑤や⑥の部分をもっと細かくスモールステップに分ける必要がある場合もあると思いますが、いずれにしても活動を漠然ととらえるのではなく、スモールステップに分けることにより、何ができて何ができないのか知ることが大切です。それは次の目標を設定したり、保護者に見通しを説明するのにも役に立ちます。

感覚

34
音が怖い

ピストルの音が嫌いな子、避難訓練のサイレンの音が嫌いな子、風船を膨らますのが嫌いな子。いずれも、突然、大きな音がするのが嫌という共通点があります。

運動会でピストルが鳴るのが怖くて練習に参加できない子が笛にすると参加できたり、避難訓練のサイレンの音が鳴ることを、事前に伝えておくと安心できたりする子がいました。

また、運動場で鳴るピストルの音を教室や保健室で聞いているうちに運動場でも平気になった

音が怖い

①
ゴー
チチチ
うるさいなァ
ザワザワ
ザワ
ゴゴー
バタ
ギコ
ブー
②
ゴゴ
うるさい…
ザワザワ
ギギー
トントン
ギギ
ギギ
③
音の洪水や！どの音聞いたらエエンや！
ザッパーン
ザッパーン
④
…
おっ、おぼれる～！
何しとんねん
おと 音 オト おと 音 オト 音 おと OTO おと 音 オト おと 音

音をシャットアウトするイヤーマフ

り、あらかじめ運動場に出ておいて避難訓練のサイレンを聞くと大丈夫な子もいます。
最初は窓を閉め切って「これからピストルの音が鳴るよ」と伝えておいてかなり離れた所から鳴らして安心できることを伝え、少しずつ窓を開けたり、鳴らす距離を縮めたりしていきました。
パーティー会場で我々は隣の人とだけ話ができます。カクテルパーティー効果です。

教室で先生が話すのも、クーラーの音も外の鳥の鳴き声も同じように聞こえてしまう子がいます。聞きたい音を聞きわける、ということが難しいようです。椅子の足にテニスボールを切ってはめ込み、ギギーという音を立てないようにしている学級もあります。

私の学校に、教室でよく耳をふさぐ生徒がいました。うるさいのが嫌なのでしょう。ところが、その生徒は外に出ても一人で耳をふさいでいます。大きな音だけではなく、風の音も嫌なのかも知れません。

ある音域の音が嫌という場合もあるようです。その生徒はイヤーマフ（写真上）をつけることで耳をふさぐ必要はなくなりました。イヤーマフとは、外からの音をシャットアウトする物で形状もさまざまです。

感覚

35 飛び跳ねる子

ピョンピョン飛び跳ねながら登校して来る子がいました。この子は同じペースで歩けずに、走ったり止まったりしながら進みます。姿勢を維持できにくいのだろうと思います。

教室に入ってもうろうろして落ちつきません。落ちつくためのスペースを用意したり、座って集中できる課題を用意したりしましたが、登校時から動き回るのは同じです。

刺激の少ない環境にすると共に、思い切って、走ったり、サーキット運動をしたり、ブランコやトランポリンをすることにしました。かなりの運動量です。それを半年ほど続けると、何となく落ちついてくるように思われました。一年たつころにはピョンピョン跳ねることも少なくなりました。

覚醒《かくせい》レベルが低かったのです。覚醒レベルを上げようとして動き回っていたのでした。動きすぎるというのは、覚醒レベルが高すぎるように思いますが、そうではないのです。落ちつかせよう、覚醒レベルを下げようという活動は逆効果だったのです。

多動は年齢と共に減少すると言われます。この子の場合、筋力が弱いということもあったと思いますが、筋緊張が低かったのだろうと思います。そのため運動が長続きしなかったり、フニャフニャした感じになったりしがちだったのです。

筋緊張は、筋力と違って筋肉の張りの状態です。無意識にコントロールされていて、我々が意識しなくても姿勢を保てるのも筋緊張のおかげです。

すぐに寝ころんだり、同じペースで歩けずに列から遅れたり、姿勢が悪かったりすると、その子のやる気の問題と見てしまいがちですが、そうでもないんだということを後になって知りました。飛び跳ねるよりも同じペースで歩く方が筋力もいるし難しい。それに平衡感覚の刺激を求めて飛び跳ねていたのかも知れません。さまざまな運動はいろんな意味で合っていたのだろうと思います。

また、この子は授業中にもなかなか落ちついて座っていることができませんでした。環境を整えて、不要な刺激になるものをできるだけ取り除きました。また、これだけしたら終わり、という見通しが立つよう視覚提示をしました。

それと共に、リズムに合わせて輪の中に入ったり出たりする遊びや、背中に大人が触ったら前のボタンを押す遊びをしました。「3・2・1・0」と言ってロケットになって飛ぶ遊びもしました。家でもお風呂の中でぎゅっと抱きしめるなど、身体を通して意識を集中する活動を行い、次第に落ちついて座っていられるようになりました。

感覚

36

触覚過敏

触ったり触られたりすることに敏感な子がいます。触覚には大きく分けて識別反応と防衛反応があります。目をつぶってコップを持ってもコップだと分かります。水を入れられれば、そのことも分かります。これが識別反応です。

防衛反応は外界と自分の身体の境界線である皮膚が、外から来た物が敵か見方かを見分ける反応です。敵であればシャットアウトするし、見方であれば取り込もうとします。この二つの機能

水が嫌い

①
手を洗いなさい!!
エー!?
②
ひえ〜
気持ち悪い〜
やっぱムリ〜!
③
あっ!!
これならいけるかも…
きりふき
ぬれタオル
ためた水
④
その後…
洗えるようになったで〜!!
よかったよかった

がバランス良く働いているのが大切なのですが、自閉症の子の中には防衛反応が強く出てしまう子がいます。身体のある部分を触られるのを嫌がったり、水や輪ゴム、プラスチック、グニャグニャした玩具などをものすごく好きになってしまったりすることがあります。

足の裏を触られるのが嫌な子がいました。その子はいつも足の裏を浮かせて歩きますから、つま先立ちで歩いている状態です。首のあたりを触られるのも嫌なようでした。髪を触られるのも嫌がるので、寝ている時にこっそり親が散髪をしていました。

ビッグバルーンの空気を少し抜いた上でゆらゆらしたり、ボールプールに入ったり、防衛反応の出ないところをマッサージしたり、嫌がらない、好きすぎない感覚刺激を入れることでバランスが取れるようになっていきます。

水が好きすぎる子がいる一方で、水が手に当たるのが嫌という子もいました。お風呂やプールは大丈夫なのです。手だけが濡れるというのが嫌なのだろうと思います。

しかし、手を洗わないわけにはいきません。霧吹きで遠くから吹き付け、次第に近づけていくとで大丈夫でした。霧吹きの後には、濡らした手ふきで軽く拭き、やがて濡らした手ふきだけで拭くことが出来るようになりました。

感覚

37 水遊びが止められない

水遊びが止められない子がいました。私は「いつまで続くんだろう」とか、「どうやったらやめさせることができるだろう」と思って見ていました。

でも、ある時、ハッとしました。この子が今、水に手を当てている感じはこの子にしか分からない。言葉では言い尽くすことができない感覚の世界を体験しているんだ、と思ったのです。

そう思うと、やめさせるのではなく、むしろもっとさせてやりたいと思いました。好きな感覚

好きすぎる

①
ワーワー
水、大好きや
しあわせ〜♪
ジャー
②
キンコーン
やめられんわ〜♡
③
もうおわり！
や、やめられん…
ジャー
④
食器洗いなら…
これならやめられるわ
手伝ってくれてありがとう♡
これで最後や

の世界を十分に味わい、しかも役に立ってほめられるようなことをさせたいと思いました。水を使ってほめられること、そう、食器洗いです。

お母さんに連絡して、家で食器洗いを一緒にしてもらいました。学校でも調理の後は、彼に食器洗いをしてもらいました。食器がなくなると終わりということも見て分かります。

さらに「ありがとう、よくできたね」とほめられます。そういうことがしばらく続き、その子はやがて水遊びにはまり込むことはなくなりました。

感覚

38 シャワーが痛い

自閉症のMNさんは「プール入らない」と言います。シャワーが嫌いなのです。身体に触れると、触れ方によっては「痛い」と言います。部分的に感覚過敏なのかも知れません。

はじめは洗面器でプールの水をかけていました。シャワーでなければ大丈夫なのです。

次にぞうの鼻から太めの水が出る玩具のじょうろの穴を大きく広げて水をかけました。これも大丈夫です。

シャワーが痛い

①
はい、シャワーこわくないよ~
いやや~!!
ホンゲー!!
②
だいじょーぶだよ
いやや いうてるやろ!!
ホンギャー!
③
いい子だね~
いたいっ~!
フンゲー!!
④
じゃあ、これは どう?
こりゃ ええわ

同じぞうの鼻からシャワーが出る玩具でそのままかけても大丈夫。

今度はシャワーを少しだけ出して細い水にならないようにして浴びました。

少しだけ水を出してシャワーを浴びることができるようになり、MNさんは「プール入らない」とは言わなくなりました。

シャワーが嫌いな子は、水が突き刺さるように感じられるのかもしれません。玩具のじょうろ等、水の出る口が広い物なら大丈夫な場合があります。

失敗例から学ぶ

39 体調のＳＯＳ

宿泊学習の時のことです。

昼間の活動が終わり宿泊棟に戻ると、いつもはおとなしい自閉症のＹＳくんが、「アンパンチ！」などと言って私に関わってきます。ニヤニヤしています。落ち着きがありません。関わってもらいたいのかなあと思って、私も「バイバイキン」などとやっていると、ますますニヤニヤしています。おかしいなあと思って、私はそのまま見守っていました。

「もしかして……」

と思って、ＹＳくんのおでこに手を当ててみると、何となく熱いように思えました。熱を測ると三七度二分。横になっても熱はぐんぐん上がり、あっという間に三八度九分になりました。すぐにお家の方に迎えに来てもらいました。

ＹＳくんはきっと体調が悪いことを私に伝えたかったのだろうと思います。伝え方が分からず、「アンパンチ」などと言いながら関わってきたのです。すぐにＹＳくんの気持ちに気づかなかったことに申し訳ない思いでした。

自閉症のＺくんが登校してくると、いつもならスケジュールを見て連絡帳を出すのに、教室内

をうろうろしてカバンもおろしません。私が、

「スケジュール」

と言うと、カバンをおろしてスケジュールを見ます。

朝から何となく変だなあと思って、念のため熱を測りましたが平熱です。おかしいなあ、と思いながら給食も終わり、Ｚくんと教室に戻っていると、Ｚくんが急に廊下に寝ころびました。

「行くよ」

と私は言いましたが、Ｚくんはニヤニヤしています。何とか教室に戻り熱を測ると、今度は三七度五分ありました。お家に連絡して迎えに来てもらいました。

何となく普段と違うな、と感じたら体調かな、と思うことも大切なんだと思います。この「感じる」ということが大切ですが、そのためにはアンテナを張っておかなくてはなりません。

熱がある

①
いつもとちがう…
アンパーンチ♪
フラフラ
②
何かおかしい…

バイバイキーン♪

やられた～
③
念のため…

体温計
④
やっぱり…

8度9分

失敗例から学ぶ

40 わからないから行動で示す

ＹＳくんの発熱をきっかけに、私は、彼がニヤニヤしたり過剰に関わる時には何か意味があるんだ、ということを学びました。そういう目でＹＳくんを見ていると、見えてくるものがありました。

運動会の練習の時のことです。開会式の練習で並んでいる時、ＹＳくんはニヤニヤしながら私の方を見ていました。しばらくすると、ＹＳくんは自分の靴を脱いでニヤニヤしながら放り投げました。私は、彼にその靴を拾わせようと、投げた靴を指さして言いました。

「ひろう」

その途端、彼はニヤニヤの度合いが大きくなり、その場にうつ伏せに寝ころんでしまいました。やがて練習は終わり、みんないなくなりました。するとＹＳくんは起き上がり、何事もなかったかのように教室に戻りました。

後から考えると、ＹＳくんは練習がいつまで続くのか分からず嫌だったのではないか、そのことを私に伝えたかったのではないかと思いました。

また、こんなこともありました。

ＹＳくんはスクールバスで登校しています。ある時、帰りの会が終わってスクールバスに乗るまでの靴を履きかえるところで、うつ伏せに寝ころびました。みんな帰る時間なので混雑していてとても迷惑です。

「ＹＳくん、起きて」

私はＹＳくんの腕を持って引っぱります。ニヤニヤしながらＹＳくんは起き上がろうとしません。

「ＹＳくん、どうしたの」

通りがかる先生方もみんな心配して声をかけてくれます。みんながいなくなってスクールバスが出るギリギリになって、ＹＳくんは起き上がります。こんなことがしばらく続きました。

私は、この行動にもＹＳくんの気持ちがきっと反映されているはずだ、と思いました。そのことを先生方に知らせて、もしもＹＳくんが寝ころんでいるのを見かけても声をかけないでもらい

寝ころぶのはなぜ？

たいことを伝えました。同時に、帰りの会の中でＹＳくんが発表する機会を設けたり、休み時間に関わる機会を増やしたり、スクールバスの中で楽しめるグッズを用意しました。すると、彼は寝ころぶことなくスクールバスに乗るようになりました。

スクールバスの中が面白くないし、関わってもらうのならみんなの集まる場所はＹＳくんにとっては寝ころぶには最適の場所です。関わりたい気持ちを満足させる機会、スクールバスの中、不適切な関わり方に注目しないこと、この三つを推測して対処した結果、ＹＳくんは寝ころぶ必要がなくなったのだろうと思います。

失敗例
から学ぶ

41

娘の吃音《きつおん》

私の子どもが二歳頃のことです。カーペットの上をポテトチップだらけにしてテレビを見ていました。妻が、

「もういいかげんにしなさい！」

と注意しても聞かないので、いきなりテレビのスイッチを切ってしまいました。それまで集中して見ていたテレビの画面が突然真っ暗な画面になり、音も途絶えました。見ていた子どもは何

吃　音

①
もう！いいかげんにしなさい!!
ポテチ
②
ガ！
ブチ！
③
おおおおお…おかあさん…
ガ！
それから…
④
数日後…
ホッ…
水・泥
スライム
おかあさん♡

が起こったのか分かりません。その日を境に、私の子どもは吃音が出るようになってしまいました。

「おおおお、おかあさん」

「おかあさん」と言い直しをさせると、吃音はさらにひどくなります。自分がどもっていることを意識させることになるからです。

「どうしよう。ストレスかけちゃった」

「とにかく言い直しはさせないようにして、好きなことをさせよう。それと我々が深刻に考えすぎないように自然にしていよう」

それからアニメやブロック遊びなど、子どもの好きなことをとことんさせることにしました。その中で一番良かったのは、泥遊びや水遊び、スライムなどの感覚遊びでした。どんなに汚れても放っておきました。しばらくすると、いつのまにか吃音はなくなっていました。

原因がはっきりしていて、早急に対応したこと、本人に吃音を意識させないようにしたこと、本人の好むことをとことんさせたこと等が良かったように思います。

失敗例
から学ぶ

42 特性だけから見ることをやめる

Mくんはスケジュールを見て活動しています。活動と活動の間の時間、自由で何をしてもよいという時間が混乱すると思って「えらぶ」という活動を所どころに入れていました。スケジュールの隣にあるホワイトボードの中に「シャボン玉」「ビデオ」「本」「自転車」等の活動があり、そこから選べるようになっています。

同じクラスには過剰な関わりをするOくんやFくんなどの生徒がいて、口げんかも絶えません。たくさんの生徒がいてザワザワしています。

私は、自閉症のMくんにとって、このクラスは辛い環境に違いない、どこか静かな所で休みたいとか、静かにして欲しいとか思っているんだろうなあ、と思っていました。しかし、休憩室などの特別な空間をつくるのも難しい状態でした。

「えらぶ」の活動の中から最初はシャボン玉などをしていたMくんでしたが、そのうち友達が見ているビデオの所に行って後ろで見ていることが多くなりました。ビデオはいつも違った物です。そしてその生徒が早送りや巻き戻しをすると「こら」と言っているのです。

「えらぶ」の中に私が入れた活動以外の活動をしているのです。「友達とビデオを見る」という活動を入れても良かったのですが、私は何だかMくんに「先生、僕の気持ち全部分かってるの？」

特性だけから見んといて！

と言われているように思えて止めました。Mくんがしたい活動とは何か？ということに対して、私は「シャボン玉」「ビデオ」「本」「自転車」くらいだと思っていたのですが、Mくんの心の中はもっと多様だったようです。

Mくんは自閉症ですが、その前に一人の中学生なんだ、関わりたいという気持ちだって育っている、にもかかわらず自閉症の特質だけからMくんを見ていたら、Mくんのリアルな現実を見誤ってしまうように思われました。

そうしていると、MくんはOくんの顔写真を持ち歩いたり、Oくんが遊んでいる近くに行って見たりするようになりました。Oくんはやかましいから、Mくんはきっと嫌っているに違いないと思っていた私には意外でした。そして話し好きのJ先生にも声をかけるようになっていったのです。

います。

「J先生」

「何？　Mくん」

J先生はMくんに声をかけられて嬉しそうに近づいて行きます。するとMくんは大きな声で言

「来ないでください！」

関わりたいと思ったけれど、やっぱり関わるのが怖くなってしまったのでしょうか、J先生は複雑な顔でした。

Mくんは関わることが苦手なのですが、関わりたいという気持ちが育っているのだと感じました。それは、あの元気な先生や生徒たちのいるクラスだったからだと思いました。

自閉症の特質を知って適切な対応をすることの重要性はいうまでもないことです。しかし、それがMくんの全てではないことを忘れてはいけません。特質から見る、一人の人間として見る、さまざまな見方をすることが大切なんだろうと思います。

✼――あとがきに代えて

「わからない」ものとして子どもに接することの大切さ

私が初めて特別支援学級の担任をした時の卒業生・Rくんとは毎年、夏に映画を観たり、ボーリングをしたりしています。

ある夏のことです。昼食を食べてから『ごくせん　THE　MOVIE』の映画を観ることになりました。昼食はRくんの希望でオムライスの専門店に入りました。二十代のRくんはハンバーグがのったオムライスを注文しました。しばらくして運ばれてきたオムライスを見て、Rくんが言いました。

「ごはんは?」

店員は言います。

「あの、ライスはハンバーグの下になっております」

「白いごはんは?」

店員は私の方に助けを求めるように視線を向けます。私は「すみません」と店員に言った後、Rくんにオムライスの説明をしました。店内は混雑していて隣のアベックがジロジロ見ています。

私たちはそそくさとオムライスを食べて店を出ました。

同じ建物の中に映画館があり、『ごくせん　THE　MOVIE』が始まりました。ヤンクミこと仲間由紀恵の教え子である三浦春馬が卒業後に麻薬の運び屋をやらされています。心配した級友が捜し出してヤンクミの所に三浦春馬を連れて来るシーンです。三浦春馬が言います。

「おれ、卒業してもヤンクミに迷惑かけて、合わせる顔がないっていうか……」

するとヤンクミが言い放つのです。

「バカ野郎！　教師っていうのはな、教え子から迷惑かけられてなんぼなんだよ！」

私はこのセリフにジーンときました。そうだ、さっきもオムライスの店でRくんに迷惑かけられたよな。Rくんはこのシーンをどんな顔で観ているんだろう、そう思ってRくんの方を見ると、Rくんもこちらを見てニヤーッと笑っています。Rくんもこのシーンに何かを感じたんだ、と思い感動しました。私たちは暗闇の中でしばらくの間、見つめ合っていました。

こういう時間が大切に思えるのです。技術的なことではなくて、何かが通じ合えたと思えるような瞬間。こういう体験をこれからも大切にしたいと思います。

その後、Rくんと再び会うことがありました。マクドナルドでハンバーガーのセットを注文する時、Rくんは飲み物としてカロリーゼロの清涼飲料水を注文しました。健康診断で脂肪肝の数値が高いからカロリーを控えているとのこと。Rくんもそんな年齢になったんだなあ、と思いました。

グループホームで生活する彼は、洗濯など自分でしています。下着が足りないと言い、下着コーナーへ行きました。さまざまな下着の値段を見ながら、一番安い二枚で四百八十円の下着を持ってレジに行き、ニコニコしながら戻ってくるRくんは、とても逞しく感じられました。昔と比べてすごく立派になったRくんに、私は聞いてみました。

「一度だけ昔に帰れるとしたら、いつがいい？」

「うーん」

「じゃあ、小学校、中学校、高等部、どれ？」

「高等部は叱られるばかりだった」

「そうか」

「……生まれる前に戻りたい」

私はRくんの意外な答えに驚きました。

「なんで？」

「今の俺、ダメすぎる」

私はRくんがとても立派になっていると思っていたので、ショックでした。こんなに逞しく生きているように私には見えるRくんも自分をダメだと思っているんだ、と思うと、何だかやりきれない気持ちになりました。

児童生徒が自立して働けるようになるために必要なスキルを身につけることはとても大切なことです。同時にRくんのように自立して働いているのに「今の俺ダメすぎる」と感じている人もいます。「これで良い」とこちらが思うことと、本人の心の中は違います。

また、こんなこともありました。車椅子で言葉の無い高等部一年生の女子生徒の担任をしていた時のことです。車椅子の後ろにかけられたカバンの中には連絡帳や着がえなどが入っていました。私は毎日そのカバンを開け閉めしていました。お母さんともよく話をしていました。

次の年、私の娘が高校生になり、通学用のカバンを買いに行きました。中学生の時と同じだろうと思っていた私は、今時の女子高生が持つカバンをその時になってはじめて知りました。学校に戻り、高等部二年生になった女子生徒のカバンを見ると、車椅子にかけられていたのは、私の娘に買ったのと同じタイプの女子高生のカバンだったのです。そのカバンには可愛いキーホルダーもついていました。きっと昨年の四月に、お母さんが娘のために今時の高校生が持つカバンを買ってあげたに違いありません。

私は、昨年一年間、そのカバンを見たり触ったりしていたのに、親の想いに気づくことなく過ごしたのでした。

近くにあっても心の目を向けなければ見えないものがある、ということを私はその生徒から学びました。それから、私にはまだまだ見えていないものが沢山あるに違いない、と思いながら近くにあるものを見るようになりました。

私たちが本人のことを「わかろう」とすることはとても大切なことですが、決して「わかる」ことはできないということを心に留めておくことが必要です。なぜなら――

《……『わかる』ときというのは、『私の定規』によって無理やりおさえつけたものだけが『わかる』ことである以上、『私の定規』によって『黙らせられたもの』『傷つけられたもの』『こぼれ落ちるもの』が必ず存在するということです。決して『ありのまま』が『わかる』ということではない》（『倫理学への助走』藤本一司著・11頁）からです。

わからないものとして子どもに接すること。その中で自分の思い上がりを修正していくことが大切なのだと思います。

ここに書いたことも、私と児童生徒との関わり方の一場面に過ぎません。私は、さまざまな子どもたちと関わるたびに自分の思い上がりを修正せざるを得ませんでした。だから、「このやり方が正しい」とか「こう接するべきだ」などとは決して言えません。もっと良い事例は星の数ほどあると思います。しかし、私にできることの一つとして「伝える」ということがある以上、子どもたちと接する中で得た大切な「何か」の断片を記さずにはいられませんでした。

拙い原稿を高文研の金子さとみ氏に見て頂いてからこの本ができるまでに三年という月日がかかりました。実践をベースにしたもので、現場の先生方にとって少しでもお役に立つような内容に、ということで何度もアドバイスを頂き、当初の原稿を大幅に修正しました。「役に立つ」ような内容になったかどうか全く心もとない限りですが、最後までお読み頂いたことに感謝の気持ちでいっぱいです。

最後になりましたが、これまで私に関わってくださった児童生徒、保護者、先生方に感謝しつつ筆をおきます。

二〇一一年二月

成沢　真介

〔引用文献〕藤本一司『倫理学への助走』北樹出版／二〇〇八

成沢　真介（なりさわ・しんすけ）
1962年生まれ。特別支援学校教諭。中央大学文学部卒業。兵庫教育大学大学院学校教育研究科修士課程修了。中学校の普通学級や特別支援学級の担任を経て現職。教育相談や地域の巡回相談などにより文部科学大臣優秀教員表彰、日本支援教育実践学会研究奨励賞を受賞。著書に『虹の生徒たち』（講談社）『自閉症児さとしの一日』（大月書店）『発達障害支援ガイド』（学苑社）『「特殊」学級ってなんだろう?』（ぶどう社）『自閉症児との接し方読本』（あいり出版）などの他、児童書として『自閉症・ADHDの友だち』（文研出版）がある。

発達障がい　こんなとき、こんな対応を

●2011年４月10日――――――第１刷発行
●2011年11月10日――――――第２刷発行

著　者／成沢　真介
発行所／株式会社 高文研
東京都千代田区猿楽町2-1-8 〒101-0064
TEL 03-3295-3415　振替00160-6-18956
http://www.koubunken.co.jp
組版/Web D（ウェブ・ディー）
印刷・製本／モリモト印刷株式会社

★乱丁・落丁本は送料当社負担でお取り替えします。

ISBN978-4-87498-456-7　C0037

◈教師のしごと・小学校教師の実践◈

保護者と仲よくする5つの秘訣
今関和子著　1、400円
なぜ保護者とのトラブルが起きるのか？その原因をさぐり、親と教師が手をつないで子育ての共同者になる道を探る！

ねぇ！聞かせて、パニックのわけを
●発達障害の子どもがいる教室から
篠崎純子・村瀬ゆい著　1、500円
発達障害の子の困り感に寄り添い、ユニークなアイデアと工夫で、子どもたちの発達をうながしていった実践体験記録！

これで成功！魔法の学級イベント
猪野善弘・永廣正治他著　1、200円
初めての出会いから三学期のお別れ会まで、子どもたちが燃えリーダーが育つ、とっておきの学級イベント24例を紹介！

子どもをハッとさせる教師の言葉
溝部清彦著　1、300円
「言葉」は教師のいのち。子どもの心を溶かし、子どもを変えたセリフの数々を心温まる20の実話とともに伝える！

がちゃがちゃクラスをガラーッと変える
篠崎純子・溝部清彦著　1、300円
教室に書かれた「〇〇、死ね」の文字。寂しさゆえに荒れる子ども。そんな時教師は？学級づくりの知恵と技が詰まった本。

少年グッチと花マル先生
溝部清彦著　1、300円
現代日本の豊かさと貧困の中で生きる子どもたちの姿を子どもの目の高さで描いた、教育実践にもとづく新しい児童文学。

のんちゃん先生の楽しい学級づくり
野口美代子著　1、300円
着任式は手品で登場、教室はちょっぴり変わった「コの字型」。子どもたちの笑顔がはじける学級作りのアイデアを満載。

はじめて学級担任になるあなたへ
野口美代子著　1、200円
新学期、はじめの1週間で何をしたら？問題を抱えた子には？もし学級崩壊したら…ベテラン教師がその技を一挙公開！

子どもの荒れにどう向き合うか
杉田雄二［解説］折出健二　1、200円
再び〝荒れ〟が全国の中学を襲っている。荒れる子らにどう向き合えばよいか。一教師の嵐の一年と挫折・失踪からの生還。

教師を拒否する子、友達と遊べない子
竹内常一＋全生研編　1、500円
教師に向かって「なんでおめえなんかに」とすごむ女の子。そんな時、教師はどうする？苦悩の手記、実践とその分析。

子どものトラブルをどう解きほぐすか
宮崎久雄著　1、600円
パニックを起こす子どもの感情のもつれ、人間関係のもつれを深い洞察力で鮮やかに解きほぐし、自立へといざなう12の実践。

父母とのすれちがいをどうするか
全国生活指導研究協議会編　1、300円
「担任は何をしてる』『うちの子は悪くない」教師受難の時代、不信を生む原因を解きほぐし、対話と協同への道をさぐる。

◎表示価格は本体価格です（このほかに別途、消費税が加算されます）。

◈教師のしごと・より豊かな実践をめざして◈

〈新版〉子どもと生きる
教師の一日
家本芳郎著　1，300円
教師の一日を追いつつ教師の身のこなし方、子どもへの接し方など、プロの心得を47のエピソードで綴った実践的教育論。

教師におくる
「指導」のいろいろ
家本芳郎著　1，300円
広く深い「指導」の内容を、説得・共感・教示・助言・挑発…など22項目に分類。場面・状況に応じて全て具体例で解説。

子どもと歩む
教師の12カ月
家本芳郎著　1，300円
子どもたちとの出会いから学級じまいまで、取り組みのアイデアを示しつつ教師の12カ月をたどった　教師への応援歌。

明るい学校つくる
教師の知恵
家本芳郎著　1，300円
教師どうしの手の結び方、管理職とのつきあい方から、父母の協力の仕方まで、全く新しい血のかよった学校づくり読本。

イラストで見る
楽しい「指導」入門
家本芳郎著　1，400円
怒鳴らない、脅かさないで子どもの力を引き出すにはどうしたらいい？　豊かな「指導」の世界をイラスト付き説明で展開。

子どもの心にとどく
指導の技法
家本芳郎著　1，500円
なるべく注意しない、怒らないで、子どものやる気・自主性を引き出す指導の技法を、エピソード豊かに具体例で示す！

教師のための「話術」入門
家本芳郎著　1，400円
教師は〈話すこと〉の専門職だ。なのに軽視されてきたこの大いなる〝盲点〟に〈指導論〉の視点から切り込んだ本。

教師のための「聞く技術」入門
家本芳郎著　1，500円
先生は教え好きで話し好き。でも聞くのはどうも下手。ではどうしたら子どもの声を聞き取れるのか。そのわざを伝授！

若い教師への手紙
竹内常一著　1，400円
荒れる生徒を前にした青年教師の苦悩に深く共感しつつ、管理主義を超えた教育の新しい地平を切り拓く鋭く暖かい24章。

教師にいま何が問われているか
服部 潔・家本芳郎著　1，000円
教師はいかにしてその力量を高めていくのか？　二人の実践家が、さまざまなエピソードをひきつつ、大胆に提言する。

自分の弱さをいとおしむ
●臨床教育学へのいざない
庄井良信著　1，100円
子育てに悩む親、学校や学童保育の現場で苦しみ立ちつくす教師・指導員に贈る、「癒し」と「励まし」のメッセージ！

英 伸三〈教育〉写真集
子どもは光る
B5・上製・箱入り　3，900円
七夕や音楽集会、授業の中の子どもの姿を、二年の歳月をかけてとらえた写真集。

◎表示価格は本体価格です（このほかに別途、消費税が加算されます）。

◈楽しい「群読」の世界◈

CDブック 家本芳郎と楽しむ群読
家本芳郎編・解説・演出　2、200円
声の文化活動＝群読の実際を、群読教育の第一人者が自ら演出し、青年劇場の劇団員が若々しい声を響かせたCDブック。

いつでもどこでも群読
家本芳郎＋日本群読教育の会＝編
1、600円
授業で、学級活動で、学習発表会で、集会・行事で、地域のなかで。さまざまな場で響く群読の声を、脚本とともに紹介。

続・いつでもどこでも群読
家本＋重水＋日本群読教育の会＝編
【CD付き】2、200円
永年、群読教育に取り組んできた日本群読教育の会が、さまざまな実践を紹介しつつ、CDで群読実践の成果を大公開！

群読　ふたり読み
―ふたりで読めば、なお楽し―
家本芳郎＝編・脚色　1、400円
群読の導入に、小規模学級での朗読に、家庭での団らんに、いますぐ声に出して読める楽しい詩のふたり読みシナリオ！

群読実践シリーズ
楽しい群読入門　1、900円【CD付き】
日本群読教育の会＋重水健介＝編著
聴いてみたい！　やってみたい！　授業や行事の中で楽しく展開される群読の基礎＝最初の第一歩がわかるCDブック。

群読実践シリーズ
すぐ使える群読の技法【CD付き】
1、900円
日本群読教育の会＋重水健介＝編著
基礎から応用まで、27の「群読技法」をCDの音声とともに具体的に紹介する。

群読実践シリーズ
学級活動・行事を彩る群読
【CD付き】1、900円
日本群読教育の会＋重水健介＝編
学級開き、朝の会、学年集会、卒業式などで使える群読を、脚本とCDで紹介！

群読実践シリーズ
ふたり読み
【CD付き】1、900円
日本群読教育の会＋家本芳郎＝編
群読の導入にふたり読みは最適。すぐに使えるシナリオと音声で実際を伝える。

群読実践シリーズ
古典を楽しむ【CD付き】
日本群読教育の会＋毛利豊＝編著
1、900円
古典学習に群読を取り入れた多彩な実践を紹介、実際を脚本とCDで再現する。

新版　楽しい群読脚本集
家本芳郎＝編・脚色　1、600円
群読教育の先駆者が、全国で開いてきた群読ワークショップで練り上げた脚本を集大成。演出方法や種々の技法も説明。

合唱・群読・集団遊び
家本芳郎著　1、500円
文化・行事活動の第一人者が、指導の方法・道筋を具体的に提示しつつ展開する、魅力あふれる文化活動の世界。

CDブック・群読日本国憲法
高良鉄美・毛利豊・青年劇場
1、500円
日本国憲法の「精髄」を群読脚本化。ドラマチックな舞台俳優の群読が、強く、美しく、胸に響く憲法の世界を伝える！

◎表示価格は本体価格です（このほかに別途、消費税が加算されます）。

◈新しい授業・新しい学校を求めて◈

〈新版〉楽しい「授業づくり」入門
家本芳郎著　1,300円
動きのある、話し合いのある、落ちこぼしを出さない「楽しい授業」をどうつくるか。授業に強くなる方法を事例で綴る！

授業がなりたたないと嘆く人へ
相澤裕寿・杉山　雅著　1,165円
既製の〝授業らしい授業〟へのこだわりを捨てた二人の実践家（英語、社会）が〝新しい授業〟の発想と方法を語り合う。

いま授業で困っている人に
山本洋幸著　1,000円
「どんな生徒にも知的欲求はある」と確信、「高校三年でも必死で手を挙げる」授業をつくってきた教師の実践的授業論。

地理を楽しく！
●子どもを引きつける60のポイント
地理教育研究会＝編著　1,700円
毎日の暮らしから国際問題まで、厳選した項目を写真や図版を交えて解説。考える力がつく地理の授業へのヒント満載！

イラストで見る楽しい「授業」入門
家本芳郎著　1,400円
授業は難しい。今日は会心だったと笑みがこぼれたこと、ありますか。誰もが授業上手になるための、実践手引き書。

これならできる漢字指導法
岡　篤著　1,600円
漢字は学力の基礎！　無味乾燥な反復練習でなく、子どもが楽しみながら学ぶ指導法を具体例で紹介。学年別ワーク付き。

どの子もできる！　かならず伸びる!!
基礎・基本「計算力」がつく本
●小学校1・2・3年生版　1,600円
基礎・基本「計算力」がつく本
●小学校4・5・6年生版　1,700円
深沢英雄著　（共にＢ５判）
計算は学力の基礎。できる喜び、わかる楽しさを伝えながら計算の実力がつく指導法を、基礎計算プリントとともに紹介。いま話題の「百ます計算」の先を見すえた指導を示す。

イギリスの教育改革と日本
佐貫　浩著　1,900円
過酷な競争原理と、一方、大幅な自主運営の保障、日本がモデルにしようとしているイギリス教育改革の実像を伝える！

子どもたちの仲間　学校犬バディ
●動物介在教育の試み
吉田太郎著　1,600円
「学校に犬がいたら楽しい…」の声をきっかけに、学校に導入された犬バディ。犬が子どもたちに運んでくれたものとは？

増補版　さらば、哀しみのドラッグ
水谷　修著　1,400円
ドラッグの真実を知れ！　薬物依存症の若者を救おうと苦闘する〝夜回り先生〟が、全力で発するドラッグ汚染警告！

さらば、哀しみの青春
水谷　修著　1,300円
「夜回り先生」と呼ばれ、四〇〇〇人の若者たちと関わってきた著者が訴える、夜の街に沈む子どもたちの哀しい青春。

◎表示価格は本体価格です（このほかに別途、消費税が加算されます）。

◈愛と性／心とからだに受けた傷◈

いのちの恩返し
●がんと向き合った「いのちの授業」の日々
山田 泉著 1,600円
再発、転移、三度目のがん宣告。いのちの危機に立たされつつ、それでも続く「いのちの授業」。笑いと涙の第二弾！

「いのちの授業」をもう一度
●がんと向き合い、いのちを語り続けて
山田 泉著 1,800円
二度の乳がん、命の危機に直面した教師が自らのがん体験を子どもらに語り、生きることの意味を共に考えた感動の記録！

いのち・からだ・性
●河野美代子の熱烈メッセージ
河野美代子著 1,400円
恋愛、妊娠の不安、セクハラ…性の悩みや体の心配。悩める 代の質問に臨床の現場で活躍する産婦人科医が全力で答える！

性・かけがえのない
高文研編集部編 1,300円
無責任な性情報のハンランする中、作られた嘘と偏見を打ち砕き、若い世代の知るべき〈人間〉の性の真実を伝える！

アイデアいっぱい性教育
花田千恵著 1,500円
実物大の人形、巨大絵本、子宮や胎盤の模型…アイデアいっぱいの手作り教材でイキイキと展開する小1〜小6の性教育。

甦える魂
●性暴力の後遺症を生きぬいて
穂積 純著 2,800円
家庭内で虐待を受けた少女がたどった半生の魂の記録。児童虐待の本質を、犠牲者自身がリアルに描ききった初めての本。

解き放たれる魂
●性虐待の後遺症を生きぬいて
穂積 純著 3,000円
性虐待の後遺症を理由にこの国で初めて勝ち取った「改氏名」の闘いを軸に、自己の尊厳を取り戻していった魂のドラマ！

拡がりゆく魂
●虐待後遺症からの「回復」とは何か
穂積 純編 2,200円
幼児期の性虐待による後遺症に気づいて二〇年、自己省察を重ね、ついに完成させた「回復」の全体像を解き明かす！

虐待と尊厳
●子ども時代の呪縛から自らを解き放つ人々
穂積 純編 1,800円
自らの被虐待の体験を見つめ、分析し、虐待による後遺症の本質と、そこからの回復の道筋を語った 人の心のドラマ！

いのちまるごと子どもたちは訴える
田中なつみ著 1,500円
頭痛い、おなか痛い…一日百人の子らが押し寄せる保健室。ベテラン養護教諭の眼がとらえた子ども・家族・教育の危機。

多様な「性」がわかる本
伊藤 悟・虎井まさ衛編著 1,500円
性同一性障害、ゲイ、レズビアンの人々の手記、座談会、用語解説、Q&Aなど、多様な「性」を理解するための本。

新編 愛と性の十字路
梅田正己著 1,300円
愛とは何か？ 性をどうとらえるのか？ 若い世代の体験をかいくぐりつつ、性の成長と開花の条件をさぐる。

◎表示価格は本体価格です（このほかに別途、消費税が加算されます）。

◈思春期の心と体を見つめる◈

思春期・こころの病
●その病理を読み解く
吉田脩二著　2,800円
自己臭妄想症、対人恐怖症などから家庭内暴力、不登校まで、思春期の心の病理を症例をもとに総合解説した初めての本。

若い人のための精神医学
●よりよく生きるための人生論
吉田脩二著　1,400円
思春期の精神医学の第一人者が、人の心のカラクリを解き明かしつつ「自立」をめざす若い人たちに贈る新しい人生論！

いじめの心理構造を解く
吉田脩二著　1,200円
自我の発達過程と日本人特有の人間関係という二つの視座から、いじめの構造を解き明かし、根底から克服の道を示す。

人はなぜ心を病むか
●思春期外来の診察室から
吉田脩二著　1,400円
精神科医の著者が数々の事例をあげつつ、心を病むとは何か、人間らしく生きるとはどういうことか、熱い言葉で語る。

ひきこもりの若者と生きる
●自立をめざすビバハウス七年の歩み
安達俊子・安達尚男著　1,600円
ひきこもりの若者らと毎日の生活を共にしながら、彼らの再起と自立への道を探り続ける元高校教員夫妻の七年間の記録。

不登校●その心理と学校の病理
吉田脩二＋生徒の心を考える教師の会　3,200円
思春期精神科医が、教師たちとの症例検討会をもとに不登校の本質を解き明かし、不登校を生む学校の病理を明らかにする。

不登校のわが子と歩む親たちの記録
戸田輝夫著　1,700円
わが子の不登校に直面して驚き騒がぬ親はいない。絶望の中から新たな人生へ踏み出していった親たちの初めての記録！

あかね色の空を見たよ
●5年間の不登校から立ち上がって
堂野博之著　1,300円
小5から中3まで不登校の不安と鬱屈を独特の詩と絵で表現、のち定時制高校に入り希望を取り戻すまでを綴った詩画集。

若者の心の病
森　崇著　1,500円
若者の心の病はどこから生まれるのか？全国でただ一つの「青春期内科」のベテラン医師が事例と共に回復への道を示す。

まさか！わが子が不登校
廣中タエ著　1,300円
わが子だけは大丈夫！そう信じていた母を襲ったまさかの事態、不登校。揺れ動く心を涙と笑いで綴った母と息子の詞画集。

保健室は今日も大にぎわい
●思春期・からだの訴え・心の訴え
神奈川高校養護教諭サークル著　1,500円
恋愛・性の相談・拒食…日々生徒たちの心とからだに向き合う保健室からの報告。

保健室からSOS
●いま、高校生の心とからだは
水波佳津子・岡本京子他　1,000円
いま思春期の心とからだには何が起こっているか？　六人の養護教諭が日頃の経験と思いを存分に語り合った初めての本。

◎表示価格は本体価格です（このほかに別途、消費税が加算されます）。